元代蒐奇錄

袁　冀著

文史哲學集成
文史哲出版社印行

國家圖書館出版品預行編目資料

元代蒐奇錄 / 袁冀著.--初版.-- 臺北市：
文史哲, 民 105.09
頁； 公分（文史哲學集成；690）
ISBN 978-986-314-325-3（平裝）

856.9　　　105016733

文史哲學集成　690

元代蒐奇錄

著　者：袁　冀
出版者：文史哲出版社
http:// www.lapen.com.tw
e-mail：lapen@ms74.hinet.net
登記證字號：行政院新聞局版臺業字五三三七號
發行人：彭正雄
發行所：文史哲出版社
印刷者：文史哲出版社
臺北市羅斯福路一段七十二巷四號
郵政劃撥帳號：一六一八〇一七五
電話886-2-23511028 · 傳真886-2-23965656

定價新臺幣三二〇元

2016 年（民一〇五）九月初版

ISBN 978-986-314-325-3　　00690

自序

昔嘗拜讀「說郛」，「古今說海」，「廣百川學海」，「元明事類鈔」，「稗史彙編」等，皆集他人之著作，而成名著。筆者淺陋，萬難望諸名家之項背，然亦先見賢思齊之愚念。因法前賢，而成「元代蒐奇錄」，或不無可取之處。

「元代蒐奇錄」，凡五百八十五節，皆選自元代文獻，及載有元代事跡，而非元代著作中之奇人，奇事，奇物，與自然界之異象。而耶律楚材，陳孚，劉郁，周達觀之紀述，亦與焉。

至於內容，以今日觀之，其若干所陳，殊難令人置信。所顯示之觀念，更難為人所苟同。然在六七百年前，因對自然界之瞭解，未若今日之寬廣普及。故對其所記，不唯深信不疑。且對其多方讚揚之信念，亦認為理所當然。今昔不同，差異自生。故取捨之間，悉以元紀之理念為本，並請方家賜教，是為序。

袁　冀序於新竹寓所

二〇一六年八月

目錄

一、星隕如屋

稗史彙編卷之一百七十一：「至正甲午乙未間，河北山東多隕石，大或如屋，陷深入地丈餘。星隕爲石者多矣，未有如此之大者。至正乙未，洛陽有大星隕地，滾行數十丈，草木皆焦。北抵山石，其土石皆融液而流，須臾復向西飛去，此又爲特異者也。」

二、枯木開花

稗史彙編卷之一百七十三：「至正辛卯夏，松江普照寺僧舍，一敝帚開花。又嘉興儒學閽人陶氏磨上，木肘發青，終開白花。又吳江汾湖里煆工，一柳木樁，以安鐵碪者十餘年矣，發長條莖如葦。三家雖此怪，皆無恙。」

三、山移十五里

草木子卷三：「陝西某縣，至正十五年間，一夜大風雨，有一大山，西飛者十五里。山之舊基，積爲深潭。」

四、兵器火異

稗史彙編卷之五：「元張思齊出師，二百人爲一屯野宿，刀槍各作一攢插地。忽燃火甚熾，須臾煨燼，惟金刀存。其後，兵果敗散，是不戢自焚之應也。」

五、地裂火出死數萬人

草木子卷三：「至正丁未，太原地大震，凡四十餘日。後又大震，裂居民屋宇倒壞。火從裂地中出，燒死者數萬人。」

六、墓屍如生

輟耕錄卷十一「松江蟠龍塘普門寺側，一無主古墓，至正巳亥春，爲其里之張雕盜發。有誌石，乃宋時錢參政良仁妹……，於紹興四年十月，祔夫墓之右。破棺無穢氣，顏色如生，口脂面澤，若初傳者，冠服鮮新，亦不朽腐。得金銀首飾器皿甚多，至放其繡履，傳相玩弄，人以爲異。余聞漢廣王去疾，發魏王子且渠冢，無棺槨，有石床，床下悉雲母末。上二屍，一男一女，皆年二十餘。東首裸卧，顏色如生，鬢髮亦如生人，此恐雲母之功。今此婦葬日，距今百七八十年，而亦損壞，其理又何邪。」

七、婦生鬚長尺餘

草木子卷三「京師齊化門東街，達達一婦人，髭鬚長一尺餘。」

八、鼻飲

稗史彙編卷之十三：「南人習鼻飲，有陶器如杯椀，旁植一小管若缾嘴，以鼻就管吸酒漿，暑月以飲水云。自鼻入咽喉，快不可言。」

陳剛中詩集卷二「安南即事」：「習以鼻飲如牛然，或以小管吸之。」

九、蘆把劚石

至正直記卷三：「蘆把束劚石，則石裂。茶汁澆石器，則石如蛀爛。物所畏，有不可曉者。」

十、巨蠶大如瓜瓠

草木子卷三：「鄜州路宜君縣孟皇村，呼景賢母舅石氏，養蠶三十箔，其蠶忽變萬蠶，合併爲千千，化爲百百，化爲十，十化爲一巨蠶，大如瓜瓠。及老而簇吐絛，計十五斤，當時以爲瑞。及元末，小總兵王保保，與慶陽李思齊，治兵相攻，屠剪其村，石氏遂滅，蓋倮虫之孽也。」

十一、巨繭大如數甕

草木子卷三：「至正九年間，河內民家養蠶，及熟而上箔，共結成一幅，宛如旗狀。又一家，蠶數千萬，共結成一繭，大如數石甕。」

十二、鬼衙

欽定古今圖書集成，方輿彙編職方典，第一百十九卷，順德府部藝文一，「改邢州爲順德府記」：「邢州九縣，爲戶凡一萬五千，皆屬達剌罕部。每城置達魯花赤一員，譯言監視之人也。其人武弁，不習吏事，重以求取爲念。故奸吏乘之，肆爲朘割。始於貧民下戶，次及中人，富家末。則權豪勢要，剝膚椎髓，惟恐不竭……。百姓始大駭，散之四方矣。千里蕭條，爲之一空。城中纔百餘家，皆以土塞門，穴地出入。望見單騎，則匿之叢薄間，竢過而後敢出。行人過客，欲求之勺飲，亦不可得。爲官吏者，亦晝伏夜出，以理訴牒，人謂之鬼衙。」

十三、太廟神主被盜

元史卷七十四「宗廟上」：「至治……二年……十二月……庚午，盜入太廟，失仁宗及慈聖皇后神主。壬申，重作仁廟二神主。」

十四、半桃核大如掌

山居新話卷二：「大都長春宮，有桃核半箇，其大如掌，至以爲常住鎮庫之寶。余嘗觀之，誠希有也。蟠桃之說，寧或有之乎？」

十五、羽毛皆沈

隱居通議卷二十九：「出陽關，至于闐國，路經陷河，伐檀置中，乃得渡也。弱水亦陷河之類，羽毛皆沈。今川廣之界，亦有一小河，淖濘而深，今古不得渡，盖亦弱也。」

十六、鬼官人

閒居錄：「宋之末年，姑蘇賣餅家，檢所鬻錢，得冥幣焉，因怪之。每鬻餅，不識其人，與之錢，久之，乃一婦人也。跡其婦，至一塚而滅。遂白之官，啓塚，見一婦人卧柩中，有小兒坐其側。恐其爲人所覺，必不復出，餓死小兒。有好事者，收歸，養之，與常人無異。不知其姓，鄉人呼之鬼官人。國初時猶在，後數年方死也。」

十七、大尾羊

雙溪醉隱集卷一「大尾羊賦并序」：「端卿持節使博囉，或曰舊康居也。其國多羊，羊多大尾，其大不能自舉。土俗、例以小車使引，負其尾，車推乃行。乞余道其所以，乃爲之賦。」

十八、雨血

元明事類鈔卷一「著衣皆赤」：「元史元統二年正月朔，雨血於汴梁，著衣皆赤。」

十九、黑雨

元史卷五十一「五行二、水不潤下」：「至正……十七年正月巳丑，杭州降黑雨，河池皆黑。」

二十、石蓮復生

至正直記卷四「石蓮」、「石蓮數百年不腐，嘗見築黃花小莊基時，掘地數尺，得石蓮數枚，其堅如鐵，置淺水中則復生。考其地，乃宋嘉泰辛酉所築。其初，是蓮花水蕩也。」

二十一、黑雪

草木子卷三：「至正乙未冬，湖廣雨黑雪。」

二十二、雪大如掌

輟耕錄卷十一「雷雪」：「至正庚子二月六日，浙西諸郡，震霆掣電，雪大如掌，頃刻，積雪尺餘，人甚驚異。」

二十三、詩鬼正誤

古今譚槩，謬誤部第五：「虞文靖（按：集）在宜黃時，嘗倚樓吟詩，有五更鼓角吹殘雪之句。忽聞隔溪一童揖而言曰：角可吹，鼓不可吹。亟命召之，已失所在，蓋詩鬼也。」

二十四、紅霧

元明事類鈔卷一：「元史至正中，丹陽雨紅霧，草木葉，及行人衣裳，皆濡成紅色。」

二十五、黃霧

草木子卷三：「至正乙未三月三日，黃霧四塞，日暗無光。」

二十六、黑霧

元史卷五十一「五行二、水不潤下」：「至正……十七年乙亥，京師黑霧，昏暝不辨人物，自旦至午始消，如是者旬有五日。」

二十七、巨雹

草木子卷三：「庚子間，太原雨雹，大如數斗器，牛馬多死。」

元史卷五十一「五行二、水不潤下」、「至正二年五月，東平路東阿縣雨雹，大者如馬首……。六年……五月辛卯，絳州雨雹，大者二尺餘……。十一年四月乙巳，彰德雨雹，大者如斧。時麥熟將刈，頃刻已失。田疇堅如築場，無稭粒遺留者。地廣三十里，長百里有餘。樹木皆如斧劈，傷行人，斃禽畜甚眾……。二十五年五月，東昌聊城縣雨雹，大如拳。」

二十八、沙魘

輟耕錄卷六：「湖南益陽州，夜中，同寢之人，無故忽自相打，每每有之，名曰沙魇。土人熟此，不以爲意。惟取冷水噴噀，候稍息，飲之湯，徐就醒，然猶二三日如醉餘。不知者，殊用驚駭。」

二十九、鷄羽雌雄各半性亦如之

草木子卷三：「至正甲午乙未年，龍泉縣人家，一鷄二形。一邊毛羽純雄，一邊毛羽純雌。既能雄鳴，又解雌伏。蓋氣之乖亂，羽虫之孽也。」

三十、鼠群數十萬擁集如山

草木子卷三：「乙未年中，江淮間，鼠群擁集如山，尾尾相銜度江，過江東來湖廣。群鼠數十萬，度洞庭湖，望四川而去。夜行晝伏，路皆成蹊。不依人行正道，皆遵道側。其羸弱者，走不及，多道斃。」

三十一、犬脇生子

輟耕錄卷二十二：「元貞丙申秋，大都南城，武仲祥家，有乳犬懷胎。在脇下，忽腫成瘡。六七日後，於瘡生五子，色皆青蒼。每當脊梁，自頂至尾，生逆毛一道，他無所異。又數日，瘡亦平復。」

三十二、畸形豬四則

輟耕錄卷十一「豬妖」：「至正辛卯春，江陰永寧鄉陸氏家，一豬產十二兒。內一兒，人之首面手足而豬身。」

元史卷五十一「五行二、水不潤下」：「至正三年秋，建寧浦城縣民家，豕生豚，二尾八足。十五年，鎮江民家豕生豚，如象形。二十四年正月，保德州民家，豕生豚，一首二身，八蹄二尾。」

三十三、畸形人

元史卷五十「五行一」：「至元……二十年……四月，固安州王得林妻張氏，懷孕五月，生一男，四手四足，圓頭三耳，一耳附腦後，生而即死。」

三十四、巨嬰

元史卷五十一「五行二、水不潤下」：「至正九年四月，棗陽民張氏生男，甫及周歲，長四尺許，容貌異常，皤腹擁腫，見人輒嬉笑，如世俗所畫布袋和尚云。」

三十五、屠豬其小腸蜿蜒走里許

草木子卷三：「嘉興府海鹽縣，故富家趙君舉，及衰替，別營一小室。以落成之日，宰豬爲享禮。豬小腸，皆修治。忽起地如虵，蜿蜒而走，及一里許而止。間一年，所營小室亦賣。家國將亡而妖孽見，蓋其理也。」

三十六、同穴蟻互鬧死積成堆

草木子卷三：「庚戌年，岳州府，群蟻同穴，無故自鬧而死，處處皆積成小堆。其後，獨岳州將臣張斌軍師，大敗於潞州死。」

三十七、蒙古巫師祈雨特技

山居新話卷三：「蒙古人，有能祈雨者，以石子數枚，浸於水盆中玩弄，口念呪語，多獲應驗。石子名鮓荅，乃走獸腹中之石。大者如鷄子，小者不一。一但得牛馬者爲貴，亦是牛黃狗寶之類。」

三十八、河清千里

草木子卷三：「至正二十二年間，黃河自河東，清者千餘里，河魚歷歷，大小可數。庚申帝聞之，慘然不樂者數日。群臣奏曰：河清，王者之瑞，胡爲不樂耶？上曰傳云：黃河清，聖人生，當有代朕者。群臣復奏曰：皇太子生子，是陛下聖孫，即其應也，上笑而釋。」

三十九、雨魚

草木子卷三：「至正未亂之先，江浙大雨，忽有二魚，落有臺上，蓋鱗失所之象也。」

四十、賢妻致貴

輟耕錄卷四：「程公鵬舉在宋季，被虜於興元版橋張萬戶家爲奴。張以虜到宦家女某氏妻之，既婚之三日，即竊謂其夫曰，觀君之才貌，非久在人後者，何不爲去計，而甘心於此乎。夫疑其試已也，訴於張，張命箠之。越三日復告曰，君若去，必可成大器，否則終爲人奴耳。夫愈疑之，又訴於張，張命出之，遂粥于市人家。妻臨行，以所穿繡鞵一，易程一履，泣而曰，期執此相見矣。程感悟奔歸宋。時年十七八，以蔭補入官，迨國朝統一海宇，程爲陝西行省參知政事。自與妻別，已三十餘年，義其爲人，未嘗再娶。至是，遣人攜向之鞵履，往興元訪求之，市家云，此婦到吾家，執作甚勤，遇夜未嘗解衣以寢。每紡績達旦，毅然莫可犯。吾妻異之，視如已女。將半載，以所成布匹，償元粥鏇物，乞身爲尼，吾妻施貲以成其志，見居城南某菴中。所遣人，即往尋見，以曝衣爲由，故遺鞵履在地。尼見之詢其所從來，曰吾主翁程參政，使尋其偶耳。尼出鞵履示之合，亟拜曰主母也。尼曰，鞵履復全，吾之願畢矣。歸見程相公與夫人，爲道致意，竟不再出，告以參政未嘗娶，終不出。旋報程，移文本省，遣使檄興元路，路官爲具禮委幙，屬李克復防護其車輿，至陝西重爲夫婦焉。」

四十一、羊羔利

元文類卷五十七「中書令耶律公神道碑」：「所在官吏，取借回鶻債銀，其年則倍之，次年并息，又倍之，謂羊羔利。積而不已，往往破家散族，至以妻子爲質，然終不能償。黑韃事略箋證：「自韃主以至僞諸王僞太子僞公主等，皆付回回以銀，或貸之民而衍其息，一錠之本，展轉十年，其息一千二十四錠。」

四十二、竹生米可食

草木子卷三：「處州青田山中，竹生米可食。」

四十三、奇遇

輟耕錄卷四：「揭曼碩先生未達時，多游湖湘間。一日泊舟江涘，夜二鼓，攬衣露坐，仰視明月如晝，忽中流一櫂，漸近舟側。中有素妝女子，斂衽而起，容儀甚清雅。先生問曰，汝何人，荅曰妾商婦也。良人久不歸，聞君遠來，故相迎耳。因與談論，皆世外恍惚事。且云，妾與君有夙緣，非同人間之淫奔者，幸勿見卻。先生深異之，迨曉戀戀不忍去，臨別謂先生曰，君大富貴人也，亦宜自重，因留詩曰：盤塘江上是奴家，郎若閒時來喫茶。黃土築牆茅蓋屋，庭前一樹紫荊花。明日舟阻風，上岸沽酒，問其地，即盤塘鎭。行數步，見一水仙祠，墻垣皆黃土，中庭紫荊芬然，及登殿，所設像，與夜中女子無異。余往聞先生之姪孫立禮，說及此亦一奇事也。今先生官至翰林侍講學士，可知神女之言不誣矣。」

四十四、琵琶七十二弦

使西記：「初哈里巴患頭痛，醫不能治。一伶人，作新琵琶七十二弦，聽之立解。」

四十五、年老單丁乞食軍中

秋澗集卷八十九「論貧難軍合從所屬定奪事狀」：「竊見天下新舊軍戶，極有生受，難以應當者……。懷孟路舊軍李用，姚三，秦義等三名，俱各單丁，年八十餘歲，無人供給，逐日沿營乞食應役。」按：元代軍人，戰備所需，生活用度，悉由家中供應。單丁無子，家中難供應。

四十六、嘉禾

元史卷五十「五行一」：「至元……二十年癸巳，斡端宣慰司劉恩，進嘉禾，同穎九穗，七穗，六穗各一……。三十一年，嘉禾生畿，一莖九穗……。大德元年十一月辛未，曹州禹城縣，進嘉禾，一莖九穗……。泰定元年十月，成都穀，一莖九穗。」陵川集卷二十「瑞麥頌」：「甲寅夏五月，甸人進麥，八穗一莖，馳驛上聞。」

四十七、成紀縣北山南移

稗史彙編卷之八「成紀山」：「元仁宗延祐二年五月一夜，疾風雷雹，成紀縣北山南移，至夕河川，次日再移。平地突出土阜，高者二三丈，陷沒民居。」

四十八、烈婦托夢求書

兩山墨談卷三：「元人伐宋，師至巴陵，女子韓希孟者，魏公五世孫，嫁爲賈尚書子瑗婦。岳州破，被虜，明日以衣帛書一詩，自投於江而死。長興州判官沈思安，嘗託劉元履者，丐趙松雪爲書其詩，元履諾而未言。一夕夢一婦人云，趣爲我求書，庶因大人君子之筆，發攄幽憤。松雪聞而異之，乃爲之寫一通，歸之於沈。吁韓一女子也，而英靈炯炯如此，向生斯時，爲男子，則精忠血誠，扞衞社稷者，當與一時忠義之士相挺矣。顧肯少屈其志哉，咄咄真可敬也。韓詩，今載輟耕錄。予往見別本，篇句絕不同。蓋好事者，亂真莫可致審。」

四十九、畸形牛五則

元史卷五十「五行一」：「至元十六年四月，益都安樂縣，朱五十家，牛生黃犢，兩頭，四耳，三尾，其色黃，既生即死。」

元史卷五十一「五行二、稼穡不成」：「至正九年三月，陳州楊家莊上，牛生黃犢，火光滿室。麻頂綠角，間生綠毛，不食乳，二日而死。十年秋，襄陽車城民家，生牛犢，五足，前三後二。二十六年春，汴梁祥符縣，牛生犢，雙首，不及二日死。二十八年五月，東昌聊城縣錢鎮撫家，牛生黃犢，六足，前二後四。」

五十、牛生瑞獸三則

元史卷五十「五行一」：「大德九年二月，大同平地縣，迷兒的斤家，牛生麒麟而死。至大四年，大同宣寧縣民滅的家，牛生一犢，其質有鱗無毛，其色青黃，類若麟者，以其鞹上之。泰定三年九月，湖州長興民王俊家，牛生一獸，麟身牛尾，口目皆赤，墮地即大鳴，母不乳之，具圖以上，不知何獸，或曰此瑞也。」

五十一、奇疾舌出至胸

輟耕錄卷九：「今上之長公主之駙馬，剛噶勒藏慶王，因墜馬，得一奇疾。兩眼黑睛俱無，而舌出至胸，諸醫罔知所措。廣惠司卿，能哲呼鼐，葉爾羌人也。嘗識此證，遂剪去之。頃間，復生一舌，亦剪去之。又於真舌兩側，各去一指許，卻塗以藥而愈，時元統癸酉也。廣惠司者，回回之爲醫者隸焉。」

五十二、元代蘇武飛雁傳書

梧溪集卷一「讀國信大使郝公帛書、有序」：「霜落風高恣所如，歸期回首是春初。上林天子援弓繳，窮海纍臣有帛書。中統十五年九月一日放鴈，獲者勿殺，國信大使郝經書于，真州忠勇軍營新館，書蓋如此。公字伯常，仕世祖皇帝，庚申歲，使宋，爲賈似道拘幽十有六年，此書當在至元十一年。是時南北隔絕，但知紀元爲中統也。先是公羈旅日，有以鴈四十餉公，內一鴈，體質稍異，命畜之於後，鴈見公輒張翮引吭而鳴，公感悟，擇日率從者三十七人，具香北拜，二人舁鴈跽其前，手書尺帛，親繫鴈足，且致祝曰，纍臣某，敢煩鴈卿，通信朝廷，鴈其保重，欲再拜，鴈奮身入雲而去。未幾，虞人獲之苑中，以所繫帛書，託近侍以聞，上惻然曰，四十騎留江南，曾無一人鴈比乎。遂進師南伐，越二年宋亡。書今藏諸秘監，河南主客劉澹齋云。

西北皇華早，東南白髮侵。雪霜蘇武節，江海魏牟心。獨夜占秦分，清秋動越吟。蒹葭黃葉暮，苜蓿紫雲深。野曠風鳴籟，河橫月映參。擇巢幽鳥遠，催織候蟲臨。衣攬重裁褐，貂餘篟賜金。不知年號改，那計使音沈。國久虛皮幣，家應詠藁砧。豚魚曾信及，鴻鴈豈難任。素帛辭新館，敦弓入上林。虞人天與便，奇事感來今。」

五十三、效忠二則

元史卷一百十九「木華黎」：「太祖軍嘗失利，會大雪，失牙帳所在，夜臥草澤中。木華黎與博爾朮，張裘氈，立雪中，障蔽太祖，達旦竟不移足。」

元朝名臣事略卷十四「左丞董忠獻公」：「公名文炳……。世祖在藩邸，癸丑秋，奉憲宗命征南詔，公率義士四十六人騎。後世祖軍人馬道死亡，比至吐蕃，止兩人能從。兩人翼公徒行，顚頷蹢躅，取死馬肉續糧。日不能三二十里，期必達。會東使過公，至軍言狀。世祖亟命公弟文忠，解尙廐五馬，載糗糧來迎，既至，世壯其忠，閔其勞，賜優渥。」

五十四、寶石天價

輟耕錄卷七「回回石頭」：「回回石頭，種類不一，其價亦不一。大德間，本土商賣紅埒阿勒一塊，重一兩三錢，估值中統鈔一十四萬錠，用嵌帽頂上。自後累朝皇帝，相承寶重。凡正旦及天壽節大朝賀時，則服用之。」按一錠，銀五十兩，計合中統鈔七百萬兩。

五十五、蘆花被

元詩選二集丙集「小雲石海涯、酸齋集、蘆花被并序」：「僕過梁山泊，有漁翁織蘆花爲被。僕尙其清，欲易之以綢者。翁曰：君尙吾清，願以詩輸之。遂賦，果卻綢」：

「採得蘆不涴清，翠蓑聊復藉爲茵。西風刮夢秋無際，夜月生香雪滿身。毛骨已隨天地老，聲名不讓古今貧。青綾莫爲鴛鴦妒，欸乃聲中別有春。」

「歐陽玄撰貫雲石神道碑云：雲石嘗過梁山泊，見漁父織蘆花絮為被，愛之，以綢易被。漁父見其（以）貴易賤，異其人。陽曰：君欲吾被，當更賦詩。公援筆立成，竟持被往。詩傳人間，號蘆花道人。公至錢塘，因以自號。」

東平縣卷十七「志餘、元」：「史載石海涯辭官還江南，路過梁山濼，見漁父織蘆花為被，將易之以綢，漁父願得詩，乃援筆立就。警句云：『西風刮夢秋無際，明月生香雪滿身。』漁父贈被卻綢，欣然持詩去，人間宣傳蘆花被詩。惜漁父名不傳，蓋元季隱君子村，即漁父故居也。」

五十六、牛腹奇用

元史卷一百二十三「布智兒」：「從征回回斡羅思等國，每臨陣，布智兒，奮身力戰，身中數矢。太祖親視之，令人拔其矢，血流滿體，悶仆幾絕。太祖命取一牛，剖其腹，納布智兒于牛腹，浸熱血中，移時遂甦。」

五十七、白鷴徇主

兩山墨談卷七：「厓山之敗，陸秀夫抱祥興帝，與俱赴水時，御舟一白鷴，奮擊哀鳴，與籠墜水中以死。此其視太宗榻前之犬，其感恩徇主之誼，又過之矣！然則委而去之，如陳宜中輩者，是何心哉！」

五十八、徐州奇聞

至正直記卷一：「溧陽同知州事唐兀那懷，至正甲申歲，嘗與予言一事，亦可怪。徐州村民，一妻一妹，家貧，與人代當軍役。一日見其妹有孕，詢究其事不能明，欲殺其妻與妹。鄰媪咸至曰：惟一墻耳，終歲未嘗見其他也。考其得胎之由，乃兄嘗早行，時與妻交合而出，妹適來伴其嫂，嫂偶言及淫狎之事，覆於姑之身，作男子狀，因相感遺氣成孕也。噫，防微杜漸之道，可不謹乎！又聞老人言，凡室女，與男子同溺器者，則乳色變起，此又不可不知也。」

五十九、想肉

輟耕錄卷九：「天下兵甲方殷，而淮右之軍，嗜食人。以小兒為上，婦女次之，男子又次之。或使坐兩缸間，外逼以火，或於銕架上生炙。或縛其手足，先用沸湯澆潑，卻以竹帚刷去苦皮。或乘夾袋中，入巨鍋活煮。或刲作事件而淹之。或男子止斷其雙腿，婦女則特剜其兩乳。酷毒萬狀不可具言，總名曰想肉。以為食之，使人想之也……。唐張鷟朝野僉載云：武后時，杭州臨安尉薛震，好食人肉，有債主及奴詣臨安，止於客舍，飲之醉，並殺之。水銀和煎，并骨銷盡。後又欲食其婦，婦知之，踰墻而遯，以告縣令。令詰之，具得其情。申州錄事奏，奉勅杖一百而死。」

六十、神童一則

山房隨筆：「吉州羅西林集近詩，刊一士囊詩及門。一童橫卧棖欄間，良久喚童起曰：將見汝主人，求刊詩。童曰：請先與我一觀，我以爲可，則爲公達。客怪之曰：汝欲觀吾詩，汝能吟，請賦一詩，當示汝。童請題，客曰，但以汝適來睡起搔首意爲之。童子即吟曰：夢跨青鸞上碧虛，不知身世是華胥。起來搔首渾無事，啼鳥一聲春雨餘。客駭伏。同入見，西林款之數日，取其菊詩云，不逐春風桃李妍，秋風收拾短籬邊。如何枝上金無數，不與淵明當酒錢。童，乃羅之子也。」

至正集卷一「神童詩」：「脫脫丞相當朝時，有神童來謁。能詩，年纔數歲。令賦擔詩。即成絕句云：分得兩頭輕與重，世間何事不擔當。蓋諷丞相也。」

六十一、太湖冰厚數尺饑疫死數十萬

研北雜誌卷上：「天曆二年冬，大雨雪。太湖冰厚數尺，人履冰如平地。洞庭柑橘，凍死幾盡。明年秋水，又明年，三吳之人，饑疫死者數十萬。」

六十二、奇石

山居新話卷一：「余家藏石子一塊，色青而質粗，大如鵝，彈形差匾，上天然有兜壟觀音在焉。雖畫者，亦莫能及。或加磨洗，則精神愈出，誠瑞應也。」

六十三、雷鎔剛刀二則

山居新話卷四：「錢塘韓介石，巨室也。延祐夏，風雨驟至，令庖僮往樓上閉窗。雨過不見此僮，樓上尋之，則已斃矣。因取所帶刀而斂之。絛鞘皆如故，刀刃則銷鑠過半，事爲筆談所載，內侍李舜舉家，暴雷所震，以爲堂房已焚，窗紙皆黔。有一室刀，極剛堅。就刀室中，鎔爲汁，而室亦儼然。二事相同，此理殊不可強解。」

六十四、蒙古人以白為吉衣尚白

元文類卷五十七「中書令耶律公神道碑」：「諸國來朝者，多以冒禁應死。公言：陛下新登寶位，願無污白道子，從之。蓋國俗白，以白爲吉也。」

馬哥孛羅遊記「這裏講大可汗所舉行慶祝他們新年的燦爛宴會」：「在那天，必須穿白色禮服。他們這樣作，因爲他們覺得，白衣服是最好的東西，並且是的預兆。所以，在新年那天，全穿白衣。」按漢人尚紅，以紅爲吉。

六十五、蒙古人數尚九

馬哥孛羅遊記「這裏講大可汗所舉行慶祝他們新年的燦爛宴會」：「他們的風俗，進貢人，能夠的話，必須按規矩，獻上九倍九單位禮物。例如這禮是一匹馬，九倍九匹馬，須要獻上來，那就是八十一匹了。如果是黃金，九倍九塊金。如果是布，九倍九塊布。所有東西，全以此類推。」按中原以十爲全。

六十六、蒙古人右為上

黑韃事略箋證：「其位置，以中爲尊，右次之，左爲下。」按中原左爲上，右爲下。

六十七、巨創猶存

靜修集卷二十二「武遂楊翁遺事」：「昔年二十餘，遇保州抄騎，身已十餘創，即伏地而死矣。其一人，復抽刀，由背及腹，刺至地而去。是時，豈意復生天地之間，六十餘年。以此知生死，非人所能爲也。」

六十八、子代父死

梧溪集卷三「繆孝子、有序」：「孝子名倫，字叔彝，年甫冠，博識能文。本東平人，侍父宦游于杭。至正十六年，淮兵執其父，將殺之，倫哀號乞免，弗聽。傾家貲，贖父命，又弗聽。乃自縛，請身代。于是，父見釋而殺倫。前鄉貢進士樊浚言之，予悲倫之志行，不大顯也。爲作琴操一首，期聲無窮焉。」

六十九、翾冠飛履舞

元氏依庭侈政：「凝香兒，本部下官妓也。以才藝選入宮，遂充才人。善鼓瑟，曉音律，能爲翾冠飛履之舞。舞間，冠履皆翾飛，尋如故。少頃，復飛。一舞中，屢飛屢復，雖百試不差。」

七十、才女深宮怨

元氏掖庭侈政：「程一寧，未得幸時，嘗于春夜，登翠鸞樓，依欄弄玉龍之笛，吹一詞云：蘭徑香銷玉輦蹤，梨花不忍負春風。綠窗深鎖無人見，自碾朱砂養守宮。帝忽于月下聞之，問宮人曰：此何人吹也。有知者對曰：程才人所吹。帝雖知之，未召也。

及後夜，帝復遊此，又聞歌一詞曰：牙牀錦被繡芙蓉，金鴨香鎖寶帳重。竹葉羊車來別院，何人空聽景陽鐘。又繼一詞曰：淡月輕寒透碧紗，窗屏睡夢聽啼鴉。春風不管愁深淺，日日開門掃落花。又吹惜春詞一曲曰：春光欲去疾如梭，冷落長門苔蘚多。懶上粧臺脂蓋蠹，承恩難比雪衣兒。歌中音語咽塞，情極悲愴。帝因謂宮人曰：聞之，使人能不悽愴。深宮中，有人愁恨如此，誰得而知。蓋不遇者，亦眾矣。遂乘金根車，至其所。寧見龍炬簇擁，遂趨出叩頭俯伏。帝親手扶之曰：卿非玉笛中，自道其意，朕安得至此……，自是寵愛日隆……。」

七十一、異事

真臘風土記總敘「異事」：「東門之裏，有蠻人淫其妹者，皮肉相粘不開，歷三日不食而俱死。余鄉人薛氏，居番三十五年矣，渠謂兩見此事。」

七十二、崑崙巾極巧奢

元氏掖庭侈政：「麗嬪張阿玄，性號機敏……，私製一崑崙巾。上起三層，中有樞轉，玉質金枝。紉綵為花團，綴于四面。又製蜂蝶，雜處其中。行則三層磨運，百花自搖。蜂蝶欲飛，皆作鑽花蕊之狀。」

七十三、內苑龍舟

元氏掖庭侈政：「帝……又於內苑造龍船，首尾長一百二十尺，廣二十尺。上有五殿，龍身并殿宇，俱五采金裝。日於後宮海子內遊戲。船行，龍首尾眼爪皆動。」

七十四、地陷為池方百里

元史卷五十一「五行二，稼穡不成」：「中統……二年……八月辛未，京師地震，鷄鳴山崩，陷爲池，方百里，死者衆。」

七十五、雨沙

元史卷五十「五行上」：「大德十年二月，大同平地縣，雨沙黑霾，斃牛馬二千。」

七十六、椿李松各結巨果

元史卷五十一「五行二、木不曲直」：「至元……十二年五月，汴梁祥符縣，椿樹結實，如木瓜。十六年七月，彰德李樹結實，如小黃瓜……。二十一年，明州松樹結實，其大有盈尺者。」

七十七、木冰如畫百態具備

元史卷五十一「五行二、木不曲直」：「至元……十五年二月辛亥、汴梁雨木冰。狀如樓閣，人物冠帶，鳥獸花卉，百態具備。羽幢珠葆，彌不絕，凡五日始解。」

七十八、白雉白鹿

元史卷五十「五行一」：「至元十五年四月，濟南無棣縣，獲白雉以獻。元貞三年正月，海州牟平縣，獲白鹿于聖水山以獻。」

七十九、赤氣蔽天

元史卷五十一「五行二、火不炎上」：「至正……十四年……十二月辛卯，絳州有紅氣，起自北方，蔽天幾半，移時方散……。二十一年……八月壬午，棣州有赤氣亘……。乙酉，大同路北方，夜有赤氣蔽天……。二十三年……十月丙申朔，大名路，向青齊一方，有赤氣，照耀千里……。二十八年……七月癸酉，京師赤氣滿天，如火照人。自寅至辰，氣焰方息。」

八十、巨靈芝

元史卷五十一「五行二、火不炎上」：「至元元年十二月，芝草生於荆門州，當陽縣覆船山。一本五幹，高尺有二寸。一本二幹，高五寸有半。幹皆兩岐，二木相依，附扶疎瑰，奇如珊瑚。枝高者，結爲華蓋慶雲之狀。五年秋，芝草生於中書工部之屋梁，一本七幹。」

八十一、大雨平地水深三丈餘

元史卷五十「五行一」：「至元……二十三年六月，安西路華州華陰縣大雨，潼谷水涌，平地三丈餘。」卷五十一「五行二、水不潤下」：「元統……六年……五月……庚戌，處州松陽龍泉二縣積雨，水漲入城中，深丈餘，溺死五百餘人。遂昌尤甚，平地三丈餘……。八年……六月巳丑，中興路松滋縣驟雨，水暴漲，平地深丈有五尺餘，漂沒六十餘里，死者一千五百人。」

八十二、元末童謠頗似預言

元史卷五十一「五行二、金不從革」：「至元五年八月，京師童謠云：白雁望南飛，馬札（按蝗蟲）望北跳。至正五年，淮楚間童謠云：富漢莫起樓，窮漢莫起屋。但看羊兒年，便是吳家國。十年，河南北童謠云：石人有雙眼，挑動黃河天下反。十五年，京師童謠云：一陣風，一陣沙。千里萬里無人家，回頭雪消不堪看，三眼和尚弄瞎馬，此皆妖詩也。」

元明事類鈔卷二「石人隻眼」：「元史歲庚寅，河南北童謠云：石人一隻眼，挑動黃河天下反。及賈魯治河，果於黃陵岡，得石人一眼，而汝潁之寇起。」

八十三、腰大十圍

元史卷一百二十「吾也而」：「吾也而，珊竹氏。狀貌甚偉，腰大十圍。」

八十四、保敵遺孤

元史卷一百二十一「按竺邇」：「初金將郭斌，自鳳翔突圍，出保金蘭定會四州。至是，命按竺邇往取之，圍斌於會州。食盡將走，敗之子城門。兵入城巷戰，死傷甚眾。斌手劍驅其妻子，聚一室焚之，已而自投火中。有女奴自火中抱兒出，泣授人曰：將軍盡忠，忍使絕嗣，此其兒也，幸哀而收之。言畢，復赴火死。按竺邇聞之惻然，命保其孤。」

八十五、夫廉妻賢

元史卷一百二十一「博羅歡、伯都」：「伯都……，英宗即位，復命為江南行臺御史大夫。陛見，以疾固辭，帝慰諭久之。命以平章之祿，歸養其家。復賜鈔十萬緡，所服藥須空青，詔遣使江南訪求之。伯都辭謝曰：臣曩膺重寄，深懼弗稱。今已病廢，況敢叨濫厚祿，以受重賜乎？併以所給平章政事祿，歸有司。泰定元年，還京師卒。朝廷知其貧，賻鈔二萬五千貫。御史臺奏賻三萬五千貫，仍還所辭祿。妻弘吉剌氏弗受曰：始伯都仕於朝，不敢虛受廩祿。今歿矣，苟受是祿，非其意也，卒辭之。」

八十六、勇將殺虎

元史卷一百三十二「玉哇失」：「嘗出獵，遇虎於隘。下馬搏虎，虎張吻欲噬之。以手探虎口，抉其舌，拔其佩刀，刺而殺之。帝壯其勇，賞黃金五十兩。」

八十七、拜帽

元史卷一百二十「察罕」、「幼牧羊於野，植杖於地，脫帽寘杖端，跪拜歌舞。太祖出獵，見而問之。察罕對曰：獨行，則帽在上而尊。二人行，則年長者尊。今獨行，故敬於帽。且聞大官至，先習禮儀耳。帝異之，乃挈以歸。語光獻皇后曰：今出獵，得佳兒，可善視之。」

八十八、鴞鳴救免蛇吻

元史卷一百二十「察罕」，「嘗行困脫靴，藉草而寢。鴞鳴其旁，心惡之，擲靴擊之，有蛇自靴中墜。」

八十九、馬足輕動敗因之一

元史卷一百二十「察罕」：「從帝略雲中桑乾，金將薛定，擁重兵，守野狐嶺。帝遣察罕覘虛實，還言：彼馬足輕動，不足畏也。帝命鼓行而前，遂破其軍。圍白樓，七日拔之。」按：馬足輕動，訓練不精也。

九十、童慧

元史卷一百三十「岳柱」：「方八歲，觀畫師何澄，畫陶母剪髮圖。岳指陶母手中金釧，詰之曰：金釧可易酒，何用剪髮爲也。何大警，即異之。及長就學，日記千言。」

九十一、幼童保家

元史卷一百九十七「郭狗狗」：「父寧，爲欽察先鋒首領官，戍大良平。宋將史太尉來攻，夜陷大良平。寧全家被俘，史將殺寧。狗狗年五歲，告史曰：勿殺我父。史驚問寧曰：是兒幾歲耶？寧曰：五歲。史曰：五歲兒能爲是言，吾當保汝全家，即以騎送寧等往合州。道遇國兵，騎驚散，寧家俱得還。」

九十二、王氏奇童

至正直記卷一：「溧陽菖渚王氏崛起，富民也。至正庚寅間，其孫年六歲，能寫文字。時知府把古者，令見之。果能書徑尺者，亦曰異哉，但不能詩耳。又解記誦詩文，如數歲者。」

九十三、巨砲入地七尺

元史卷二百三「亦思馬因」：「十年，從國兵攻襄陽，未下。亦思馬因相地勢，置砲于城東南隅，重一百五十斤。機發聲震天地，所擊無不陷，入地七尺。宋安撫呂文煥懼，以城降。」

九十四、鐵砲

玉笥集卷三「鐵礮行」：「墨龍墮卵大如斗，卵破龍飛雷鬼走。火騰陽燧電火紅，霹靂一聲，混沌剖，山河傾。不擊妖孽空作聲，天威褻瀆人不驚。」

九十五、十世同居

元史卷一百九十七「孝友」、「鄭文嗣，婺州浦江人。其家十世同居，凡兩百四十餘年。一錢尺帛，無敢私。至大間，表其門。文嗣歿，從弟大和繼主家事，益嚴而有恩。家庭中，凜如公府。子弟稍有過，頒白者猶鞭之。每遇歲時，大和坐堂上，群從子，皆盛衣冠，鴈行立左序下，以次進拜。跪奉觴，上壽畢。皆肅客拱手，自右趨出，足武相銜，無敢參差者。見者嗟慕，有三代遺風。」

九十六、織金臥褥

元史卷一百十六「后妃」：「裕宗徽仁裕聖皇后……，生順宗成宗……。一日裕宗有病，世祖往視，見床上設織金卧褥。世祖慍而語之曰：我嘗以汝爲賢，何乃若此耶！后跪荅曰：常時不曾取用，今爲太子病，恐有濕氣，因用之，即時徹去。」

九十七、揮金如土

元史卷二十二「武宗一」：「八月甲午，中書省臣……又言：以朝會應賜者，爲鈔三百五十萬錠。已給者百七十萬，未給猶百八十萬，兩都所儲已虛。」按五十兩爲一錠，應賜者三百五十萬錠，合鈔一千七百五十萬兩。罄兩都所儲，猶有半數未給。

九十八、巨竹

陳剛中詩集卷二「安南即事」：「凡三十里，抵刺竹關。關下有兵守之，關上兩山相交，僅通鳥道。大竹，皆圍二尺，上有芒刺，蓋其國控扼之地也。」

九十九、馬援鐵船銅柱

陳剛中詩集卷「安南即事」：「馬援征徼側，造鐵船四隻，沈于海。今水清，猶彷彿可見。銅柱，援所立也，在乾地鋪，其刻有云：銅柱折，交人滅。今陳日烜，以土埋之，上建伏波祠。」

一〇〇、鸚鵡螺

陳剛中詩集卷二「安南即事」：「鸚鵡螺，色紅如雲母，形嘴翅似鸚鵡，故名。」

一〇一、巨蝦鬚可作杖

陳剛中詩集卷「安南即事」、「巨蝦大如柱，鬚有七八尺長者。海濱之人，以爲柱杖，甚佳。」

一〇二、蚺皮作鼓

陳剛中詩集卷「安南即事」：「蚺蛇大者，如合抱之木，長稱之。腊其皮，刮去鱗，以鞔鼓。面寬數尺，但用背皮，腹皮不與也。向明視之，黑質白華，章如方勝，交人樂，以爲前列。」

一〇三、人面子

陳剛中詩集卷二「安南記事」：「人面子，肉甘酸，核，兩目口鼻皆具。」

一〇四、頭飛二則

陳剛中詩集卷二「安南即事」：「峒民頭有能飛者。以兩耳爲翼，夜飛往海際，拾魚蝦而食。曉復歸身，完如故，但頸下有痕，如紅線耳。」

島夷誌略「賓童龍」、「蠻亦父母胎生，與子女無異。特眼中無瞳，人遇夜則飛頭，食人糞。尖頭飛去，若人以紙或布，掩其頸，則歸不接而死。」

一〇五、毒弩

陳剛中詩樂卷二「水弩」：「一曰含沙，射工以氣射三十步，射中其影，但覺紅癢，即以刀抉去肉，不爾必死。大率毒蟲毒藥，廣以南，多有之。中州人至此，不善寶獲，必爲所害。」

一〇六、山獠

陳剛中詩集卷二「安南即事」：「一曰山都，多在大木爲巢，或居巖穴。獨足跳躑，能眩惑人，蓋山鬼水怪類云。」

一〇七、巨鱷

陳剛中詩集卷二「安南即事」：「鱷魚大者三四丈，四足似守宮，黃色修尾，口森巨齒。一名忽雷，其聲如霹靂，鹿走崖上，聞其嗥吼，則怖而墜，多爲鱷魚所啗。」

一〇八、夫死不食伴屍七日

島夷誌略「麻逸」：「婦葬夫，則削其髮，絕食七日，與夫同寢，多瀕於死。七日之外不死，親戚勸以飲食，或可全生，則終生不改其節。甚至喪夫而焚尸，則赴火而死。」

一〇九、殉葬

島夷誌略「麻逸」、「首豪之喪，則殺奴婢二三十人以殉葬。」

一一〇、龍涎

島夷誌略「龍涎嶼」：「嶼……每值天清氣和，風作浪湧，群龍游戲海濱，吐涎沫於其嶼之上，故以得名。涎之色，或黑於烏香，或類於浮石。聞之，微有腥味。然用以合諸香，則味尤清遠。雖迦藍木，梅花腦，檀，麝，机子花、沈速末，薔薇水眾香，必待此以發之。」

一一一、奇俗

島夷誌略「真臘」：「生女……滿十歲即嫁，若其妻與客淫，其夫甚喜，誇於人，我妻巧慧，得人愛之也。」

一一二、屍木腐二則

島夷誌略「遐來勿」：「凡人死，則研生腦調水灌之，以養其屍，欲葬而不腐。」「暹」：「凡人死，則灌水銀，以養其身。」

一一三、酷刑

島夷誌略「真臘」：「國人犯盜，則斷手足，烙胸背黥額。」

一一四、方頭

島夷誌略「戎」：「男女方頭，兒生之後，以木板四方夾之，兩周後，去其板。」

一一五、殺人祭神

島夷誌備「丁家盧」：「刻神木爲神，殺人血和酒祭之。每水旱疫癘，禱之，則立應。及婚姻病喪，則卜其吉凶，亦驗。」

一一六、冷水奇用

島夷誌略「蘇洛鬲」：「凡生育後，惡露不下，汲井水，澆頭即下。有害熱症者，亦可用水沃數四，則愈。」

一一七、鴉鶻

島夷誌略「明家羅」：「故臨國之西山，有三島……。一島土中紅石，掘而取之，其色紅活，各鴉鶻也。舶人興販，往往金銀與之貿易。」

一一八、蘇祿珠

島夷誌略「蘇祿」：「此蘇祿之珠，色青白而圓，其價甚昂。中國人首飾用之，其色不退，號爲絕品，有徑寸者。其出產之地，大者已直七八百錠，中者二三百錠，小者一二十錠。其餘小珠，一萬。上兩重者，或一千至三四百。上兩者，出於西洋之第三港。」

一一九、海流洄漩一月莫能出

島逸誌略「急水灣」：「灣在石綠嶼之下，其流奔駑，舶之，時月遲延，兼以潮汐，南北人莫能測。船洄漩於其中，則一月莫能出。昔有度元之舶，流寓在其中，二十餘日。失風針迷舵，折舶遂閣淺。人船貨物，俱各漂蕩。偶遺三人於礁上者，枵腹五日，又且斷舶往來，輙采礁上螺蚌食之。當此之時，命懸於天。忽一日大木二根，浮海至礁傍。人抱其木，隨風飄至須門答剌之國，幸而免溺焉。」

一二〇、奇跡

島夷誌略「僧加剌」：「海濱有石，如蓮臺，上有佛足跡。長二尺有四寸，闊七寸，深五寸許。蹟中海水其內，不鹹而淡，味甘如醴。病者飲之則愈，老者飲之，可以延年。」

一二一、結實巨大

島夷誌略「特番里」、「波羅大如斗，甜瓜三四圍。」「曼陀郎」、「西瓜五十斤重有餘，石榴大如斗。」

一二二、牛白羊高

島夷誌略「加里那」：「國王之亞波下，有穴深邃。有白牛種，每歲春產白牛，仍有雌雄。酋長畜之，名官牛，聽其自然孳育於國。酋長以其繁衍，因之互市，國得金十兩，厥後牛遂不產。」「特番里」：「綿羊高四尺許。」

一二三、入海採珠

島夷誌略「第三港」、「古號為淵，今名新港……，洋名大郎，蚌珠海內為最富。

求取之際，酋長殺人，及十數牲祭海神。選日，集舟人採珠。每舟以五人爲率，二人蕩槳，二人收綆。其一人，用圈竹匡其袋口，懸於頸上。仍用收綆，繫石於腰，放墜海底，以手爬珠蚌入袋中。遂執綆牽掣，其舟中之人收綆，人隨綆而上，纔以珠蚌傾舟中。既滿載，則官場週回，皆官兵守。數日，候其肉腐爛，則去其殼，以羅盛腐，旋轉洗之，則肉去珠存，仍巨細篩閱。於十分中，官抽一半，以五分與舟人均分。」

一二四、綿羊春割其尾

島夷誌略「加里那」：「地產綿羊，高大者二百餘斤，逢春則割其尾。用番藥搽之，次年其復生如故。」

一二五、井深二三百丈

島夷誌略「阿思里」、「極西南，達國里之地。無山林之限，風起飛沙撲面，人不敢行，居人編竹以蔽之。氣候熱，半年之間，多不見雨。掘井而飲，深至二三百丈，味甘而美。」

一二六、刀兵不能傷

島夷誌略「三佛齊」：「自龍牙門去，五晝夜至其國，人多蒲姓，習水陸戰，官軍服藥，刀兵不能傷，以此雄諸國。」

一一七、珊瑚高丈餘

島夷誌略「哩伽塔」：「地產琅玕珊瑚樹，樹或長一丈有餘，或七八尺許，一尺有餘。秋冬民間，皆用船採取。以橫木繫破網及紗線於其上，仍以索縛木兩頭，人於船上牽以拖之，則樹槎牙掛挽而上。」

一一八、禾高丈餘莖多粒豊

島夷誌略「大八丹」：「國居西洋之後，名雀婆嶺，相望數百里。田平，豐稔時，雨霑渥。近年田中叢禾，丈有餘長，莖四十有八，穀粒一百三十，長半寸許。」

一一九、血浴

島夷誌略：「須文答剌」：「其部長，人物修長。一日間必三變色，或青或黑或赤。每歲必殺十餘人，取自然血浴之，則四時不生疾病，故民皆畏服焉。」

一三〇、天叫

黑韃事略箋証：「霆見韃人，每聞雷霆，必掩耳屈身至地，若𨉼避狀。」

蒙韃備錄箋証「祭祀」：「聞雷聲，則恐懼不敢行師，曰天叫也。」

一三一、敬天

蒙韃備錄箋證「祭祀」：「其俗，最敬天地，每事必稱天。」

黑韃事略箋證：「其常談，必曰：托著長生天底氣力，皇帝的福蔭。彼所欲為之事，則曰：天教恁地。人所已為之事，則曰天識者。無一事不歸之天，自韃主至其民無不然。」

一三二、換盞

黑韃事略箋證：「凡初酌，甲必自飲，然後飲乙。乙將飲，則先與甲丙丁呷，謂之口利。不飲，則轉以飲丙。丙飲訖，而酬乙。乙未飲，而飲丁。丁如丙禮，乙纔飲訖，勻而酬甲。甲又序酌以飲丙丁，謂之換盞。本以防毒，後習以為常。」

蒙韃備錄：「每飲酒，其俗，鄰坐更相嘗換。若一人執杯，是令我嘗一口，彼方敢飲。若以兩手執杯，乃彼與我換盃，我當盡飲彼酒，却酌酒以酬之。」

一三三、篤信占筮

黑韃事略箋證：「其占筮，則灼羊之枚之骨，驗其文理之逆順，而辨其凶吉，天棄天予，一決於此，信之甚篤，謂之燒琵琶。事無纖粟無不占，占不再四不已。」

一三四、視草若命

黑韃事略箋證：「其國，禁草生而斸地者，遺火而爇草者，誅其家。」

一三五、選馬

譯語：「虜選馬材，則繫牝馬於高山絕頂，置駒於麓。牝馬嘶，駒即直馳至其上。及與群馬齊驅而爭先者，斯畜爲戰馬，乃鍾愛之。」

一三六、善養馬

黑韃事略箋證：「霆嘗考韃人養馬之法，自春初罷兵後。凡出戰好馬，恣其水草，不令騎動。直至西風將至，則取而控之。繫於帳房左右，啖以些少水草。經月後，臕落而實。騎之數百里，自然無汗，故可以耐遠道而出戰。尋常正行路時，並不許其吃水草。

蓋辛苦中吃水草，不成膘而生病，此養馬之良法。南人反是，故馬多病也。」

一三七、騸馬

黑韃事略箋證：「其馬野牧，無芻粟。六月饜青草始肥。壯者四齒則扇，故闊壯而有力，柔順而無性，能風寒而久歲月。不扇則反是，且易嘶駭，不可設伏……。」

一三八、訓馬

譯語：「制馬性，則以膝撐柱，令其左右。以身俯仰，令其進止。耳目驚駭，則喝叱。使之戢險阻辟易，則鞭策使之前。不馴不已也。」

一三九、踏歌

譯語：「女好踏歌，每月夜，群起握手頓足，操胡音。」

一四〇、屠城

元朝名臣事略卷五「中書令耶律文正王」：「國制，凡敵人拒命，矢石一發，則殺無赦。」

牧庵集卷四「序江漢先生事實」：「某歲乙未，王師徇地漢上。軍法，凡城邑以兵得者，悉坑之。德安由嘗逆戰，其斬刈首馘，動以十億計。」

蒙韃備錄「軍政」：「城破，不問老幼妍醜，貧富逆順，皆誅之，略不少恕。」

靜修集卷七「孝子田君墓表」：「貞祐元年，十二月十有七日，保州陷，盡驅居民出而居，及其父與焉。是夕下令老者殺，卒聞命，以殺爲嬉……。後兩日，令再下，無老幼盡殺。」

一四一、俘虜攻堅

蒙韃備錄「軍政」、「凡攻大城，先擊小都。掠其人民，以供驅使。乃下令曰：每一騎兵，必欲掠十人。人備足，則每名需草，或柴薪，或土石若干，晝夜迫逐，緩者殺之。迫逐填塞壕塹立平，或供鵝洞砲座等用。不惜數萬人，以此攻城壁，無不破者。」

多桑蒙古史第二卷第三章：「進至帛兒格……，蒙古兵，驅斡羅思，庫蠻，匈牙利等部之俘虜攻。匈牙利人於前，及匈牙利人盡死，則使斡思人繼之，復庫蠻人爲殿，其退縮者斬之，攻七日，城破。」

一四二、環甲上鬆腰緊

譯語：「擐甲欲鬆，則矢格而不入……。其擐甲法，緊繫其腰，腰以上令擁腫……。漢軍則不然。擐甲欲緊，故中箭常透膜……，是以多敗。」

一四三、揮刀欲輕戒重

譯語：「揮刀欲輕，則腕有餘力……。揮刀法，俯身低頭，睨視平勢，刀前指於馬鬣上。馳過遇敵，反手用尖斫其面目手足……。漢軍不然……，揮刀欲重，故落而難起……，是以多敗。」

一四四、射箭欲猛勿急

譯語：「射箭欲猛，則中可穿札……。歌決有曰：前手如拒，後手如撕。前腿如橛，後腿如瘸……，漢軍則不然……。射箭欲急，故飄而無韌，是以多敗。」

一四五、建廟祀鬼

島夷略略「班達里」：「地與鬼屈波思國爲隣，山峙而石盤……。俗怪：屋傍每有鬼夜啼，如人聲，相續至五更而啼止。次日，酋長必遣人，乘馬鳴鑼以逐之，卒不其蹤影也。厥後，立廟宇於石盤之上，以祭焉。否則，人畜有疾，國必有災。」

一四六、千嶼萬島

島夷誌略「北溜」：「地勢居下，千嶼萬島。舶往西洋，過僧加剌傍，潮流迅急，更值風逆，輒漂此國。候次年夏，東南風，舶仍出溜。水中有石槎牙，利如鋒刃。」

一四七、兩國世婚而和

島夷誌略「曼陀郎」：「國界西北隅，與播寧接壤，地瘠種麥，酋長七尺餘。二國勢均，不事侵伐。故累世結姻，頗陳朱村之俗焉。蠻貊之所僅聞，他國所未見也。」

一四八、圈地為牢

島夷誌略「沙里八丹」：「民犯罪者，以石灰畫圈於地，使之立圈內，不令轉足，此其極刑也。」

一四九、壕如山立

島夷誌略「痲里那」：「界迷黎之東南，居垣角之絕島，石有楠樹萬株。周圍皆水，有壕如山立，人少至也。」

一五〇、石鶴夜鳴

島夷誌略「須文那」：「酋長之家有石鶴，高七尺餘，身石而頂紅，宛然生像，民間事之如神。鶴四月間，聽其夜鳴，則是歲豐稔。凡有疾，卜之如響。」

一五一、女善戰生髭

島夷誌略「大烏爹」：「女生髭，穿細布，繫紅絹梢。女善戰，使標槍，批竹矢，毒於蛇，他國人極畏之。」

一五二、撒骨於海

島夷誌略「東冲古刺」：「凡有喪亡者，不焚化，聚其骨，撒於海中，謂之種植，法使子孫，復有生意。持孝之人，齋戒數月而後已。」

一五三、以墨紋身

島夷誌略「毗舍耶」：「男女撮髻，以墨汁刺身，至頭頸項臂，纏紅絹繫黃布爲飾。」

一五四、擄人販賣

島夷誌略「毗舍耶」：「國無酋長，地無出產。時常裹乾糧，棹小舟，過外番。伏荒山窮谷，遇捕魚採薪者，輒生擒以歸，鬻於他國。每一人，易金二兩重。蓋彼國之人，遞相倣，習以爲業。」

一五五、以鷄為占

島夷誌略「入老古」、「每歲望唐舶販其地，往往以五枚鷄雛，出必唐船一隻來。二鷄雛出，必有二隻。以此占之，如響斯應。」

一五六、陰陽交

島夷誌略「古里地悶」：「市所酒肉價廉，婦不知恥。部領縱食而貪色，酒醉之餘，卧不覆被，至老染疾多死。倘在番苟免，回舟之際，櫛風沐雨，其疾發而爲狂熱，謂陰陽交，交則必死。昔泉之吳宅，發舶稍眾，百有餘人，到彼貿易，既畢，死者十八九，間存一二爾。」

一五七、花面

島夷誌略「花面」：「其山逶迤，其地沮洳，田極肥美，足食有餘。男女以墨汁，刺於其面，故謂之花面，國名因之。」

一五八、征卒永留海外

島夷誌略「交欄山」：「國初，軍士征闍婆，遭風於山下，輒損舟。一舟幸免，唯存釘灰。見其山多木，故於其地，造舟一十餘隻。若檣柁，若帆若篙，靡不具備，飄然長往。有病卒百餘人，不能去者，遂留山中。今唐人與番人，叢雜而居之。」

一五九、瓊樹開花其堅如鐵

島夷誌略「大佛山」：「至順庚午，冬十月有二日，因卸帆於山下。是夜月明如晝，海波不興，水清徹底。起而徘徊，俯視水國，有樹婆娑，吾指舟人而問曰：此非琅玕珊瑚珠者耶，曰非也。此非月中娑羅樹影也，曰亦非也。命童子入水中採之，則柔滑，拔之出水，則堅如鐵。把而翫之，高僅盈尺，則其樹槎牙盤結奇怪。枝有一花一蘂，紅色天然。既開者，彷彿牡丹。半吐者，類乎菡萏。舟人秉燭環堵而觀之，眾乃雀躍而笑曰，此瓊樹開花也。海中之稀有，亦中國之異聞。余歷此四十餘年，未有覩於此君，今得之，茲非千載而一遇者乎。」

一六〇、怪俗

島夷誌略「華羅」：「民間每創石亭，數四塑以泥牛，或刻石爲像，朝夕諷經，敬之神佛焉。仍以香花燈燭，爲之供養。凡所主之壇，所行之地，及屋壁之上，悉以牛糞，和泥塗之，反爲潔淨。隣人往來，苟非其類，則不敢造其所。」

一六一、五雲車

元氏掖庭侈政：「宮中制五雲車，車有五箱。以火樹爲檻式，烏稜爲輪轅。頂懸明珠，左張翠羽蓋，曳金鈴，結青錦，爲重雲覆頂。旁建青龍旗，列磨鍔雕銀戟五。右張白鳩緝毳蓋，曳玉鈴，結素錦，爲層雲覆頂。旁建白虎旗，列豹絨連珠槍五。前張紅猴毛氈蓋，曳木鈴，結赤錦，爲重雲覆頂。前建朱雀旗，列線鋒火金戈五。後張黑兕團毫蓋，曳竹鈴，結黑錦，爲層雲覆頂。後建玄武旗，列畫干五。中張雕羽曲柄蓋，曳石鈴，結黃錦，爲層雲覆頂，建勾陳旗。中箱爲帝座，外四箱，爲嬪妃坐。每晦夜，遊幸苑中，御此以行，不用燈燭。」

一六二、行帳八珍

雙溪醉隱集卷六「行帳八珍詩」：「往在宜都，客有請述行帳八珍之說，則此行廚八珍也。一曰醍醐，二曰麆沆，三曰駞蹏，四曰駞鹿唇，五曰駞乳麋，六曰天鵝炙，七曰紫玉漿，八曰元玉漿。」

一六三、麆沆

雙溪醉隱集卷六「麆沆」：「麆沆，馬酮也。漢有挏馬注曰：以韋革為夾兜盛馬乳，挏治之，味酢可飲，因以為官。又禮樂志，大官挏馬酒注曰：以馬乳為酒言，挏之味酢，則不然。愈挏治，味愈甘。挏逾萬杵，香味醇濃甘美，謂之麆沆。麆沆，奄蔡語也，國朝因之。」

一六四、駞蹏羹

雙溪醉隱集卷六「駞蹏羹」：「康居之地，伊麗迆西，沙磧斥鹵地，往往產野駞，與今雙峯家駞無異。肉極美，蹄為羹，有然絕味。」

一六五、駞鹿唇

雙溪醉隱集卷六「駞鹿唇」：「駞鹿北中有之，肉味非常，唇絕美，上方珍膳之一也。」

一六六、夜光亭

元氏掖庭侈政：「供璧亭，亭六角六壁，旋拱中，置夜光珠一顆，晦夜燦若白晝，燭數十步外，又名夜光亭。」

一六七、龍泉井

元氏掖庭侈政「龍泉井」：「碼磁石為井床，雨花臺石為井湫，香檀為蓋離，朱錦為索，雲母石為汲缾。」

一六八、淑妃之奇刑

元掖庭侈政：「淑妃龍瑞嬌，貪而且妬。宮人少有不如意，笞撻至死。有不欲置之死地者，則百計千方，致其苦楚。以醋沃鼻，謂之酸刑。以穢塞口，謂之臭刑。夏則火圍，謂之蒸骨。冬則卧冰，謂之煉肋。不能酒者，強令之飲，多至十椀，是名醉鬼。削木埋地，相去二尺，高三尺，令女立上，又以一木，拄其腰，兩手各持重物，不得失墜，名曰懸心刑，凡此類者甚多。」

一六九、瀁碧池

元氏掖侈政「瀁碧池」：「池用紋石爲質，以寶石鏤成奇花繁葉，雜砌其間，上置紫雲九龍華蓋，四面施幃，幃皆蜀錦爲之。跨池三橋，結錦爲亭。中匾集鸞，左匾凝霞，右匾承霄。三橋鴈行相望。又設一橫橋，接乎三亭之上，以通便來。」

一七〇、珍奇之油鹽醬醋酒

元氏掖庭侈政：「酒有翠濤酒，露囊飲，瓊華汁，玉團春，石涼春，葡萄春，鳳子腦，薔薇露，綠膏漿。醋有杏花酸，脆棗酸，潤腸酸，苦蘇漿。鹽有水晶鹽，蒼霜鹽，五色鹽。醬有蟻子醬，鶴頂醬，提蘇醬。油有蘇合油，片腦油，膃肭臍油，猛火油。」

一七一、巨酒甕二則

霏雪錄卷上：「元朝萬歲山，廣寒殿內，設一黑玉酒甕。玉有白章，隨形刻魚獸，出沒波濤之狀，其大可貯酒三十餘石。」

輟耕錄卷二十一「宮闕制度」：「大明殿，乃登極、正旦、壽節、會朝之正衙也……。置……木質銀裹漆甕一。金雲龍蜿繞之，高一丈七尺，貯酒可五十餘石。」

一七二、燈漏

輟耕錄卷二十一「宮闕制度」：「大明殿……置燈漏，貯水運機，小偶人，當時刻，捧牌而出。」

元詩紀事卷十七「宮詩十五首」：「自注：大明殿內有燈漏，飾以真珠，內爲機械，以小木偶人十二人相屬，每辰初刻，偶人代開小門，山燈外版上，直御床，立捧辰所屬，以報之。」

一七三、水晶殿

故宮遺錄「水晶二圓殿」：「殿起於水中，用玻瓈飾，日光回彩，宛若水宮。」

一七四、流杯亭

故宮遺錄「流杯亭」：「亭中有白石床如玉，臨流小座散列，數多刻石爲水獸，潛躍其旁，塗以黃金。又皆親制水鳥浮杯，機動流轉，而行勸罰，必盡歡洽，宛然尚在目中。」

一七五、御座

故宮遺錄：「大明殿……中，設山字玲瓏金紅屏臺，臺上置金龍牀，兩旁有二毛皮伏虎，機動如生。」

一七六、椶毛殿、金殿

故宮遺錄：「椶毛殿，皆用椶毛以代陶瓦……。後苑中，有金殿，殿楹窗扉，皆裹以黃金。四外盡植牡丹百餘本，高可五尺。」

一七七、竹宮

馬哥孛羅遊記「這裏講上都城，同大可汗的一個奇怪皇宮」：「大可汗在那裏，又另外造一個宮殿，材料完全用竹子，這宮是亭榭一種。有許多柱子，皆油漆塗金，華麗無比。每一柱頂上有一大龍，龍頭支持殿頂，兩腿左右伸出。宮的裏面，到處塗金，飾以走獸飛禽的繪畫，畫工異常精巧。宮房的頂，也是竹子做成的，漆得極好極厚，無論多少雨，不會損壞他的……。那些竹子，皆寬過三掌，長十步至十五步不等。豎的由這節到那節，劈成兩瓣。每一段竹子，我們可以得到兩片瓦。從這做出來瓦，皆極厚大……。不論何時，他移動這宮。就可以隨時抬起，有二百多根，絲做繩子，把宮的各段捆緊，不使散開。」

一七八、九世同居

王忠文集卷十「鄭氏義門碑後記」：「至正十二年二月，詔拜翰林學士承旨伊埒特穆爾榮祿公，中書平章政事，行省江浙，三月至鎮，聞屬郡之浦江縣民，鄭氏九世聚族，朝廷嘗旌表焉。乃手書，一門尙義，九族同居，八大字遺之。」

一七九、萬柱承寺

清容居集卷十六「華嚴寺」：「寶構熒煌接帝青，行營列峙火晶熒。運斤巧鬪攢千柱，相杵歌長築萬釘……。」自註：「殿基水泉湧沸，以木釘萬枚築之，其費鉅萬。」

一八〇、十五舉進士

清容居士集卷十「孟習卿都事，母八十歸省關中，其家四世科第。祖十五，當金亡時，舉進士，終待制。」

一八一、海青不敵群燕

湛淵集「續演雅十詩」：「海青羽中虎，燕燕能制之。小隙沈大舟，關尹不吾欺。」

自注：「海青俊禽也，而群燕緣撲之即墜。物受於所制，無大小也。」

一八二、尼能吐珠

湛淵集「續演雅十詩」：「誰令珠玉唾，出彼藜藿腸。仁人不爲寶，良賈宜深藏。」

自注：「和林有尼，能吐珠玉雜寶。」

一八三、巨松十圍

湛淵集「續演雅十詩」：「灤人薪巨松，童山八百里。世無奚超勇，惆悵渡易水。」

自註：「取松煤於灤陽，即今上都。去上都二百里，即古松林千里，其大十圍。居人薪之，將八百里也。」

一八四、兩駝間可禦酷寒

湛淵集「續演雅十詩」：「兩駝侍雪立，終日飢不起。一覺沙日黃，肉屏那足擬。」

自註：「沙漠雪盛，命兩駝趺其旁，終夜不動。用斷梗架片氊其上而寢，處於下煖，勝肉屏，且不起心兵。」

一八五、小人七寸

湛淵集「續演雅十詩」：「纔脫海鶴啄，已登方物輿。仰面勿啾啾，我長非僑如。」

自註：「小人長僅七寸，夫婦二枚，形體具備。」

一八六、押不蘆巨毒

湛淵集「續演雅十詩」：「草食押不蘆，雖死元不死。未見滌腸人，先聞棄簀子。」

自註：「漠北有草押不蘆，食其汁立死。然以他藥解之，即蘇華陀。洗腸胃，攻疾疑先服此。」

一八七、刺血寫經

待制集卷三：「草堂比丘尚賢，為報母故，刺指出血，煎鍊如法。命其弟子如琬，以小楷書妙法蓮華經，一部七卷。匱而藏之，總勝閣上。予嘗閱是經，隨嘉說揭。昔紹興中，有僧寶元，刺血寫金光明經。全部施是山，今尙在焉。」

一八八、泉隨月盈虧

待制集卷五「月泉春誦」：自注：「縣西有泉，隨月盈虧。泉上精舍，祠文公成公。」

一八九、塋歷數百年

待制集卷五：「任城馬氏，塋歷唐宋金數百年。松檟茂鬱，由子孫，世世有人也。予閱而感之，爲賦此章，系曹子貞先生文後。」

一九〇、鐵旛竿數十丈

近光集卷二「立秋日書事五首」：「鐵刹標山影，金鋪耀日華。龍迴秋歇雨，燕落晝翻沙……。」自註：「上京西山，樹鐵旛竿，高數十丈。以其海中有龍，用梵家說，作此鎮之。」

一九一、郭巨聶政故里

近光集卷三「過懷來」：「掘金仍表地，哭弟尚名坊。孝烈神明感，綱常日月懸……。」自註：「其里有郭巨得金之所，表曰：天賜孝子，黃金之地。又刺客聶政所居曰烈士坊。」

一九二、偏嶺以北不可洗面梳頭

灤京雜詠：「驅車偏嶺客南還，始見燕姬笑整鬟。誰信片雲三十里，寒暄只隔此重山。」自註：「行人到偏頭之北，面不可洗，頭不可梳，冷極故也。過此始有暖意，素非高嶺寒氣，止隔於此，良可怪也歟。」

一九三、九尾龜

灤京雜詠：「聿來新貢又殊方，重譯寧誇自越裳。馴象明珠九尾龜，皇王不寶壽無疆。」自註：「萬歲山，有九尾龜。」

一九四、毛牛其毛垂地

灤京雜詠：「先帝妃嬪哈納房，前期承旨達灤陽。車如流水毛牛捷，韂鏤黃金白馬良。」自註：「毛牛其毛垂地。哈納䆠房，乃累朝后妃之宮車也。」

一九五、多角羊

灤京雜詠：「月出王孫獵兔忙，玉驄拾矢戲沙場。皮囊乳酒鑼鍋肉，奴視山陰對角羊。」自注：「橘綠羊，或四角六角者，謂之迭角羊。迭義未詳，以其角之相對，故曰對角。毛角雖奇，香味稍別，故不升之鼎俎，于以見天朝之玉食，有等差也。」

一九六、九九圖

灤京雜詠：「試數窗間九九圖，餘寒消盡暖回初。梅花點遍無餘白，看到今朝是杏株。」自註：「冬至後，貼梅花一枝於窗間。佳人曉粧時，以臙脂圖一圈，八十一圈既足，變作杏花，即暖回矣。」

一九七、芍藥大如斗

灤京雜詠：「東風亦肯到天涯，燕子飛來相國家。若較內園紅芍藥，洛陽輸却牡丹花。」自註：「內園芍藥，彌望亭亭，直上數尺許，花大如斗。揚州芍藥稱第一，終不及上京也。」

一九八、初生芍藥可食

灤京雜詠：「時雨初肥芍藥苗，脆甘味壓酒腸消。揚州簾捲東風裏，曾惜名花第一嬌。」自註：「草地芍藥，初生軟美，居人多來食之。」

一九九、嚴冬凍耳鼻近火則脫

灤京雜詠：「出塞書生瘦馬騎，野雲片片故相隨。凍生耳鼻雪堪理，冷入肝腸酒強支。」自註：「凡凍耳鼻，以雪揉之方回，近火則脫。」

二〇〇、兩百里馬拉松競賽

灤京雜詠：「九奏鈞天樂漸收，五雲樓閣翠如流。宮中又放灤河走，相國家奴第一籌。」自註：「灤河至上京二百里，走者名桂齊，黎明放自灤河，至御前，已初中刻者上賞。」

輟耕錄卷一「珪齊」：「珪齊者，快行是也，每歲一試之，名曰放走。以腳力便捷者，膺上賞。故監臨之官，齊其名數，而約之以繩，使無先後參差之爭，然後去繩放行。在大都，則自河西務起程。若上都，則泥河兒起程。越三時，走一百八十里，直抵御前，俯伏呼萬歲。先至者，賜銀一餅。餘者，賜段匹有差。」按，珪齊，舊譯曰貴由赤，或貴赤。

二〇一、牛馬死不敢食其肉剝其皮

古今說海卷十二「真臘風土記總叙、走獸」：「馬甚矮，小牛甚多。生敢騎，死不敢食，亦不敢剝其皮，聽其腐爛而已，以其與人出力故也。但以駕車耳。」

二〇二、初無鵝鼠大如貓

古今說海卷十二「真臘風土記總叙、走獸」：「在先無鵝，近有舟人，自中國携去，故得其種。鼠大如貓者，又有一等鼠，頭腦絕類新生小狗。」

二〇三、患痲瘋病者衆

古今說海卷十二「真臘風土記總叙、病癩」：「國人尋常有病，多是入水浸浴，及頻頻洗頭，使自痊可。然多病癩者比比，道途間，土人雖與之同卧同食，亦不校。或謂彼中風土有此疾，曾有國王患此疾，故人不之嫌。以愚意觀之，往往好色之餘，便入水澡洗，故成此疾。聞土人色慾纔畢，皆入水澡洗，其患痢者，十死八九。亦有貨藥於市者，與中國不類，不知其爲何物。更有一等師巫之屬，與人行持，尤可笑。」按：癩病，即痲瘋病。

二〇四、取人之膽

古今說海卷十二「真臘風土記總叙、取膽」：「前此於八月內取膽，蓋占城王，每年索人膽一甕，萬千餘枚。遇夜，則多方令人，於城中及村落去處，遇夜行者，以繩兜住其頭，用小刀於右脇下，取去其膽，俟數足以饋占城王。獨不取唐人之膽，蓋一年取唐人一膽，雜於其中，遂至甕中之膽，俱臭腐，而不可用故也。近年已除取膽之事，另置取膽官屬，居北門之裏。」

二〇五、集體裸浴

古今說海卷十二「真臘風土總叙、澡浴」：「地苦炎熱，每日非數次澡浴，則不可過，入夜亦不免一二次。初無浴室盂桶之類，但每家須有一池，否則，兩三家合一池。不分男女，皆裸形入池。唯父母尊年在池，則子女卑幼不敢入。或卑幼先在池，則尊長亦迴避之，如行輩則無拘也，但以左手遮其牝門入水而已。或三四日，或五六日，城中婦女，三三五五，咸至城河中漾洗。至河邊，脫去所纏之而入水。會聚河者，動以千數，雖府第婦女亦預焉，略不以爲恥。自踵至頂，皆得而見之，城外大河，無日無之。」

二〇六、強風

古今說海卷十四「西使記」：「博囉城……城北，有海鐵山，風出，往往吹行人墜海中。」

二〇七、獸似虎蟲如蛛

古今說海卷十四「西使記」：「又南有楚瑪爾城……，有獸似虎，毛厚金色無文，善傷人。有蟲如蛛，毒中人，則煩渴，飲水立死。惟過醉蒲萄酒，吐則解。」

二〇八、良藥三種

古今說海卷十四「西使記」：「搭什干……產藥十數種，皆中國所無。藥物療疾甚效。曰阿只爾，狀若苦參，治馬鼠瘡，婦女損胎，及打撲內損，用豆許嚥之自消。曰阿息爾，狀如地骨皮，治婦人產後衣不下，又治金瘡膿不出，嚼碎，傅瘡上，即出。曰尼格薩勒，形似桔梗，治金瘡及腸與筋斷者，嚼碎傅之，自續。」

二〇九、兵皆刺客

古今說海卷十四「西使記」：「其國兵皆刺客，俗見男子勇壯者，以利誘之，令手刃父母，然後充兵。醉酒，扶入窟室，娛以音樂美女，縱其欲數日。復置故處，既醒，問其所見，教之能爲刺客，死則享福如此。因授其經咒日誦，蓋使蠱其心志，死無悔也。令潛使未服之國，必刺其主而後已，雖婦女亦然。其木乃奚，在西域中，最爲凶悍，威脅隣國，霸四十餘年。王師既克，誅之無遺類。」

二一〇、大鳥食火高丈餘

古今說海卷十四「西使記」：「富浪國……有大鳥，駝蹄，蒼色，鼓翅而行，高丈餘，食火，其聲與凡鳥異。」

二一一、雄獅香貓風駝

古今說海卷十四「西使記」：「黑契丹……，其托里斯大城，獅子雄者，鬃尾如纓，拂傷人。吼聲從腹中出，馬聞之怖，溺血……。香貓，似土豹，糞溺皆香如麝……。風駞急使乘，日可千里。」

二一二、龍馬皁鵰

古今說海卷十四「西使記」：「龍種馬，出西海中，有鱗角。牝馬有駒，不敢同牧，被引入海，不復出。皁鵰，一產三卵，內一卵生犬，灰色而毛短。隨母影而走，所逐禽，無不獲。」

二一三、解馬語

古今說海卷十四「西使記」：「一胡婦，解馬語，即知凶吉，甚驗。」

二一四、最貴之寶石

古今說海卷十四「西使記」：「蘭赤，生西南海山石中，中有五色鴨思，價最高。」

二一五、鹽山

古今說海卷十四「西使記」：「過孛塔兒城，滿山皆鹽，如水晶狀。」

二一六、一詩成讖

古今說海卷九十五「三朝野史」：「賈秋壑，甲戌寒食，嘗作一絕云：寒食家家插柳枝，留春春亦不多時。人生有酒須當醉，青冢兒孫幾箇悲。明年，謫死。」

二一七、諷夏貴

古今說海卷九十五「三朝野史」：「至元丙子春，淮西閫夏貴，歸附大元，宣授中書左丞，至元己卯薨。有贈以詩云：自古誰不死，惜公遲四年。聞公今日死，何似四年前。又有弔其墓云：享年八十三，何不七十九。嗚乎夏相公，萬代不名朽。」

二一八、善占卜

古今說海卷一百十一「遂昌山樵雜錄」：「國初，富初菴先生，以占筮起東南。時錢初內附，以故都，生聚既繁，貲力殷盛。世皇占其後來如何？既成卦，而富猶未之知也。世皇曰：我占宋故都。富對曰：誠如所占。其地五六十後，會見城市生荊棘，不如今日多也。今杭州連厄於火災，復困於科繇，視昔果不逮。」

二一九、杭州大火

輟耕錄卷九「火災」：「至正辛巳，莫春之初，江浙行省平章政事濟爾噶岱，入城之任之日，衣紅兒童謠曰：火殃來矣。至四月十九日，杭州災燬民房屋，公廨，寺觀，一萬五千七百五十五間，燒死七十四人。明年壬午四月一日，又災，尤甚於先，自昔所未有也。數百年浩繁之地，日就弊，實基於此。」

二二〇、舍利白黑紅三色

古今說海卷一百十四「霏雪錄」：「舍利有三種色，白色骨舍利，黑色髮舍利，赤色肉舍利。菩薩羅漢，皆有三種。佛舍利，椎擊不碎。弟子舍利，椎試即碎。」「如試舍利子，以童男女髮根，可引綴髮上也。」

一三二、尚食黃鼠惟畏地猴

古今說海卷一百十四「霏雪錄」：「黃鼠穴處，各有配匹。人掘其穴者，見其中作小土窖，若牀榻之狀，則牝牡所居之處也。秋時，蓄黍菽，及草木之實，以禦冬。各有窖，別而貯之。天氣晴和時，出坐穴口。見人則拱前腋，如揖狀。韓孟聯句所謂，禮鼠拱而立者是也。惟畏地猴。地猴形極小，馴養之，縱其入穴，則銜黃鼠喙曳而出之。味極肥美，元朝恆爲玉食之獻。置官守其處，人不得擅取也。」

一三三、風貍海扇

古今說海卷一百十四「霏雪錄」：「玉面貍，謂之風貍。止食山果，而乘風過枝甚捷。味獨勝他貍，宜糟食尤佳。」「海中有甲物如扇，其文如瓦屋。惟三月三日，潮盡乃出，名海扇。」

二三三、留怪語巧破案

古今說海卷一百十四「霏雪錄」：「元末，有人襆被行山徑間。遇惡少，意其所負，必楮鏹也，擊殺之。視襆中，特楮衾耳，大悔之。乃書楮衾曰：的的的，孰令爾紙被似鈔角。問我何處住，五色雲間住。問我是何姓，杓子少箇柄。爾也錯，我也錯，不如歸去，的的的。愬官不知主名，召商謎者，問之曰：五色雲綵，煙也，綵煙，新昌山名。杓子少柄，盂也，蓋于姓也。密令隸人，往蹤跡之。久而不得，隸人亦了事者。一日，坐鑷肆櫛髮，見一人，對門製餅，鼓其槌，作的的之聲。乃揚言曰：某山中刼負紙被者。官察知賊處，即來捕也。覘其人，有懼色，次日閉不賣餅矣。竟捕之，果服其辜。」

二三四、甘草如柱

古今說海卷一百十四「霏雪錄」：「甘草大者如柱，土人以架屋。吾友唐愚士，西遊親見之。」

二三五、異力長鬚二丈

稗史彙編卷之四十：「元時攸縣張子雲者，身長八九尺，爲人担米，肩各一石，首戴五斗而行，無窘步。嘗卧石橋上，其首去地數寸。元末之亂，鄉居推爲寨主。所乘馬灰色，日行千里。鳴金未絕，自山馳下凡十里云。歸附後，爲巡檢而卒。同時有寨主，鬚十餘莖，以囊盛之，舒則其長二丈，後亦歸附。」

二二六、人油礟

元明事類鈔卷二十三「人油礟」：「續資治通鑑，巴延攻常州，命役城外居民，運土爲壘，並人以築之，且殺民煎膏，取其油作礟。」

二二七、馬首俱墜

元明事類鈔卷二十三「馬首俱墜」：「宛委餘編，元鄭濞舞劍，能使壯士十馬俱墜。」

二二八、運棒如飛

元明事類鈔卷二十三「運棒如飛」：「獻徵錄，有力士李金鎗者，名壓一境。徐武功召試其藝曰：此步鎗法耳。呼家人以吾棒來，乃純鐵所爲，重六十餘斤。公運棒如飛，時時及李頸，慴汗伏不敢起，公擲棒叱之去。」

一二九、拳折牛脊

元明事類鈔卷二十三「拳鬥牛」：「宋濂集，元人鄧弼，以力雄，鄰牛方鬥，拳其脊折仆地。市有石鼓，十人舁弗能舉，弼兩手持之。」

一三〇、嫗吐異物似寶

山居新話卷二：「上海縣農家一老嫗，被雷擊死，少頃復甦，里中咸往視之。問其故，嫗云：唯聞錯了，餘無所見。時口中有藥丸尚存，因吐出手中示人。隣人俞生者奪而吞之。越一年，俞生病喉，痛數載。一日因怒，咳痰於地，聞有聲，乃撥痰尋之，內有一物，狀如李核，光瑩而黃色，以斧鑿擊之不碎，喉痛遂止。」

一三一、豬能人言

山居新話卷二：「杭州鹽商施生者，至正八年，其家豬欄中，母豬自噉其子。喂豬者往箠之，忽為人語曰：你不喂我，我自食我子，干你何事？喂豬者大驚，往報施生，施往視之。傍觀者或曰可殺，或曰貨之。豬復言曰：我只少得你家三十七兩五錢，賣我還你便了，何必鬧，遂賣之，果得三十七兩五錢而止。古有中宵牛語之說，誠不誣也。」

一三二、毫芒小字

山居新話卷四：「延祐間，武神童，嘗爲中瑞司典簿，善寫小字。一粒芝麻上，寫天下太平字。江南野史載應用嘗於一粒芝麻上寫國泰民安四字。」

一三三、畸形鷄

山居新話卷四：「至正戊戌正月初三日，錢塘盧子明家，白鷄伏雛九隻。內一隻三足，二足在前，一足在後，越三日而死。三月間，諸暨袁彥誠家，一雛四足，二足在翼下。時余訪舊到諸暨，適見此事。」

一三四、二蚌殼分現菩薩羅漢像

山居新話卷四：「文宗好食蛤蜊，中有碎破不裂者，上焚香祝之，頃之自開，中有螺髻瓔珞，衣履菡萏，謂之菩薩，上置之金粟檀香，合賜與善寺，令致敬焉。余於杭城故家，見蚌殼二扇，內有十八尊大阿羅像，纖粟悉備，後歸之達爾瑪實迪。左丞欲求其理，又不可強求曲解也。」

一三五、懷胎四十年

山居新話卷二：「松江府下砂場，第四灶鹽丁，顧壽五妻王氏，始笄適顧，生子女五人。至大辛亥，復有孕，及期臨蓐，七日不娩，仍如故腹，亦不加長。每囑之家人曰：我死後，焚我勿待，盡必取腹中物視之，以明此疾何也。至正庚寅十月二十五日，動腹痛而死。越二日火化，家人果取物，視之，則胞帶纏束甚緊，剖之，乃一男胎。其肋骨如鐵石之堅，計之懷胎四十年矣。其婦甲戌生，死年七十有七。」

一三六、預言奇準

遂昌雜錄：「杭西北羊角埂，埂上全真小庵，士人羅蓬頭，非痴非狂，冬夏惟一衲衣，居庵一室，中無坐卧具。惟晝夜蹲地上，穢污殊甚，而往往能前知。一張其姓者，故宋主表司，宋亡依道館，嘗舒手向羅問吉凶。羅書狗災二字，張問應在幾時，書百日內。張持齋誦道經，日禱於神明，冀免難。一日見一牝牡狗，以苕箒擊之，竟爲狗所傷而死。」

一三七、幻象奇景

樂郊私語：「至正丙申三月，日晡時，天忽昏黃，若有霾霧。市日喧言，天有兩日。余立庭中視之，初以老眼不能正視，昡然若有數日。久之，果見兩日，交而復開，開而復合者，凡數千百遍。回視窻隙壁竇，皆成兩圓影，若重黃卵，亦復開合不常。此數十年來，目所未覩之異也。」

一三八、大軍渡河

輟耕錄卷一「大軍渡河」：「世皇取江南，大軍次黃河，苦乏舟楫。夜夢一老叟曰：陛下欲渡河，當隨我來。引至一所，指曰，此即是已。帝隨以物標識之，及覺，歷歷可記。明日循行河滸，尋夢中所見處果是。方驚顧間，忽有人進曰：此間水淺可渡。時帝徵夢中語，因謂曰：汝能先涉否，其人乃行，大軍自後從之，無一不濟。帝欲重旌其功，對曰：富與貴，悉非所願，但得自在足矣。遂封爲達爾罕，與五品印，撥三百戶以食之。今其子孫，尙有存者。此事，楊元誠太史瑀所云。」

一三九、殺虎張

輟耕錄卷二「殺虎張」：「真定新軍張萬戶興祖，中山無極人……。平生射虎數十，一日遇虎，一發而踣。語人曰：吾聞生虎髭，剔齒疾，可已風，因拔之。虎怒爪華韡裂，賴其氣息垂盡，不能傷足，由是人目之曰殺虎張。」

二四〇、蜜人

輟耕錄卷三「木乃伊」：「回回田地，有年七十八歲老，自願捨身濟眾者，絕不飲食，惟澡身啖蜜，經月，便溺皆蜜。既死，國人殮以石棺，仍滿用蜜浸，鐫志歲月於棺蓋瘞之。俟百年後啓封，則蜜劑也。凡人損折肢體，食少許立愈，雖彼中亦不多得。俗曰蜜人，番言木乃伊。」

二四一、雨果核五色

輟耕錄卷七「志異」：「至正壬辰春，自杭州避難湖州。三月二十三日，黑氣亘天，雷電以雨，有物若果核，與雨雜下，五色間錯，光瑩堅固，破其實食之，似松子仁，人皆曰娑婆樹子。」

二四二、斬蛟並死

元明事類鈔卷二十三「斬蛟水赤」：「元史類編，袞台爲元江路安撫，勇膽過人。時洞蛟爲患，蠻民苦之。台挾利劍入洞，頃之水盡赤，與蛟並死，居民始得耕種。」

二四三、鷗卵生狗

輟耕錄卷七「鷹背狗」：「北方，凡皁鵰作巢所在，官司必令人，窮巢探卵，較其多寡。一巢三卵者，置卒守護，日覘視之。及其成鷇，一乃狗耳。取以飼養，進之於朝，其狀與狗無異，但耳尾上，多毛羽數根而已。田獵之際，鵰則戾天，狗則走陸，所逐同至，曰鷹背狗。」

一四四、枯井有毒

輟耕錄卷十一「枯井有毒」：「平江在城峨嵋橋葉剃者，門首簷下，有一枯井，深可丈許，偶有所畜貓墮入。適隣家浚井，遂與井夫錢一緡，俾下取貓，夫父子諾。子既入井，久不出。父繼入視之，亦不出。葉惶恐，繫索於腰，令家人次第放索，將及井底，亟呼救命。比拽起，下體已僵木如屍，而氣息奄奄，鄉里救活之。白於官，官來驗視，令火下燭，彷彿見若有旁空者，向之死人一，橫卧地上，一斜倚不倒。鈎其髮提出，遍身無恙，止紫黑耳。」

一四五、貪暴民謠

輟耕錄卷十九「闌駕上書」:「至正乙酉冬，朝廷遣官奉使，宣撫諸道，問民疾苦……。明年秋，江右儒人黃如徵，邀駕上書，指察察爾王士宏等罪狀，且及國家利害，斧鉞在前，有所不避……。歌曰：九重丹詔頒恩至，萬兩黃金奉使回。又歌曰，奉使來時，驚天動地。奉使去時，烏天黑地。官吏都歡天喜地，百姓却啼天哭地。又歌曰：官吏黑漆皮燈籠，奉使來時添一重。如此怨謠，未能枚舉……。」

二四六、一山七名

雪履齋筆記：「金山，亦名浮玉山，又名獲符山，又名伏牛山，又名龍遊山，又名互父山，又名澤心山，一山而其名七。」

二四七、子皆龜胸

霏雪錄卷下：「樊昌高八舍家，軒墀之間，畜龜數年，育至百餘，其家產子四五人，皆龜胸傴僂。蓋孕婦感其氣所致。古人胎教，可不謹哉。」

二四八、喜生食人

元明事類鈔卷五「喜生食人」：「吾學編，祥符王有嬉，喜生食人腦肝膽。薄暮，伺人過門，輒誘入，殺而食之，故其邸前，日晡即斷行迹。」

二四九、屍堆中救死

元明事類鈔卷十九「呵屍」：「志怪錄，葉宗可元末，避兵淮陽，晝伏夜行。倦卧地上，雜眾屍中。夜分月明，見一道士，偕一童子，以燭燭群屍。凡老弱羸尪者，俱不顧。得一壯男子，道士視之有喜色，即解衣與之合體，相抱持。對口呵氣，良久，道士氣漸微。屍冉冉動，俄而欠伸又開眼，遂推道於地，蹶然而起，仍令童子，執燭而去。」

二五〇、弩射八百步

元明事類鈔卷二十三「神鳳弩」：「元經世大典，至元四年，上都李仲成，造靴車鳳弩，射八百步。」

二五一、刻名印

輟耕錄卷二「刻名印」：「今蒙古色目人之為官者，多不能執筆花押，例以象牙或木刻而印之。宰輔及近侍官，至一品者，得旨則用玉圖書押字，非特賜不敢用。」

二五二、烈婦血書歷久不滅

輟耕錄卷三「貞烈」：「臨海民婦王氏者，美姿容，被掠至師中。千夫長殺其舅姑與夫，而欲私之，婦誓死不可。自念且被污，因陽曰：能俾我爲舅姑與夫，服朞月，乃可事主君。千夫見其不難於死，從所請，仍使俘婦雜守之。師還，挈行至嵊上清風嶺，婦仰天竊歎曰：吾知所以死矣。即嚙姆指出血，寫口占詩於崖上曰：君王無妾當災，棄女拋男逐馬來。夫面不知何日見，此身料得幾時回。兩行清淚偷頻滴，一片愁眉鎖未開。迴首故山看漸遠，存亡兩字實哀哉。寫畢，即投崖下以死。死之日，距今且將八九十年，石上血憤起，如始寫時，不爲風雨所剝蝕。予昔過其下，尚能讀所寫詩。嵊丞徐君瑞，樹石祠刻碑於死所。」

一五三、尚食麪磨

輟耕錄卷五「尚食麪磨」：「尚食局進御麥麪，其磨在樓上，於樓下，設機軸以旋之。驢畜之蹂踐，人役之往來，皆不能及，且無塵土臭穢所侵，乃巧工翟氏造焉。」

一五四、舐目明母

輟耕錄卷七「孝感」：「越楓橋里人，丁氏母，雙目失明。丁至孝，每朝盥漱訖，即舐母之目，積年餘矣。俄而母左目明，未久右目復明。憲司上其事於朝，旌表其閭曰：

孝子之門。」

一五五、剖心孝母

輟耕錄卷六「孝行」：「延祐乙卯冬，平江常熟之支塘里民，朱良吉者，母錢氏，年六十餘，病將死。良吉沐浴禱天，以刀剖胸，取心肉一臠，煮粥以飲母，母食粥而病愈。良吉心痛，就榻不可起。隣里憐其且欲絕，請頤貞觀道士馬碧潭者，醮告神明，祈陰佑之。是日吧人俞浩齋，聞而過其家。觀良吉胸間，瘡裂幾五寸。氣騰出痛，莫能言俞。爲納其心，以桑白皮綵線縫合，未及朞月，已無恙矣。」

一五六、龍見嘉興

輟耕錄卷八「龍見嘉興」：「檇李郭元之言，至正乙未，秋七月三日，城東馬橋上，龍掛盲風怪雨，天闇黑若深夜然。壞民居五百餘所，大木盡拔，木自半空墜下，悉折爲二。雜以萬瓦亂飛，溪水直立。人皆號叫奔走，不暇顧妻子。龍由馬橋，歷城北，北麗橋，望太湖而去。時方在家，家去城可三里許。如聞萬屋齊壓，急出戶四望，黑雲洶湧，失府城所在，經一二時，方乃開霽。」

二五七、柳牛鳴柏鶴聲

輟耕錄九「樹鳴」：「至正丙申，浙西諸郡皆有兵。正月嘉興楓涇鎮，戴君實門首柳樹，若牛鳴者三，主人與從悉聞之，斬其樹……。是歲寒食，海鹽州趙初心率子姓輩，詣先壟，汎掃松楸，忽聞如鶴作聲，戛戛不絕，審聽所在，乃一柏樹，頃間眾樹同聲和之，一二時方止，舉家惶惑。」

二五八、鼎牛鳴七夜

輟耕錄卷十「鼎作牛鳴」：「義興王子明，家饒於財。所藏三代彝彝鼎，六朝以來，法書名畫，實冠浙右……。家人以商賈至汴，夾谷郎中者，藏一商彝，絕美妙，示之曰：恐爾主翁，未必有物也。歸以白，即遣齎金，購得之，比舊藏皆不能。及至正壬辰，寇起蘄黃，將由義興，取道浙西。子明罄所藏，鑿深窖以埋之，彝亦在列。既入窖，作牛鳴者七夜，頗可怪，取出寄田家。其窖後遭發掘，獨此彝獲存。」

二五九、人臘神奇

輟耕錄卷十四「人臘」：「至正乙巳者，平江金國寶，袖人臘出售，余獲一觀，其形長六寸許，口耳目鼻，與人無異。亦有髭鬚頭髮，披至臀下，須（鬚）髮皆黃色，有白髮一根，徧身黃毛，長二分許，臍下陰物，乃男子也。相傳云：至元間，世皇受外國貢獻，以賜國公阿爾尼格者。無幾何時即死，因剖開背後，剜去腸臟，實以他物，仍縫合烘乾，故至今無恙。」

一一六〇、畸形雞

輟耕錄卷十五「雞妖」：「至正丁酉春三月，上海李勝一家，雞伏七雛，一雛作大雞狀，鼓翼長鳴。明年戊戌春正月，錢塘盧子明家，一雞伏九雛，一雛有三足，二足在前，一足在後。三月，諸暨袁彥城家，一雞伏五雛，一雛有四足，二足在翼下，不數日皆死。」

一一六一、寒號蟲

輟耕錄卷十五「寒號蟲」：「五臺山有鳥，名寒號蟲。四足，有肉翅，不能飛，其糞，即五靈脂。當盛暑時，文采絢爛……。至深冬嚴寒之際，毛羽脫落。」

一一六二、西域奇術二則

輟耕錄卷二十二「西域奇術」：「任子昭云，向寓都下時，隣家兒患頭疼，不可忍。有回回醫官，用刀割開額上，取一小蟹，堅硬如石，尚能活動，頃焉方死，疼亦遄止。當求得蟹，至今藏之。夏雪蓑云：嘗於平江閶門，見過客馬腹，膨脹倒地，店中偶有老回回見之，於左腿肉，割取小塊出，不知何物也。其馬隨騎而去，信西域多奇術哉。」

二六三、童子屬對巧合朝命

輟耕錄卷二十二「童子屬對」：「湖廣行省平章，歸自雨中，有一童子，年七八歲，直造傘下避雨。平章問曰：學生能屬對否，曰能。平章曰：青矜來避雨，即應聲曰：紫綬去朝天。平章喜，引至家，遺以果肴。明日除書至，拜中書平章之命，再以楮幣絑繒贈之。」

二六四、于闐玉佛筋骨脈絡可見

輟耕錄卷二十八「于闐玉佛」：「丞相巴延，嘗于於闐國，於其國中鑿井，得一玉佛，高三四尺，色如截肪，照之，皆見筋骨脈絡，即貢上方。又有白玉一段，高六尺，闊五尺，長十七步，以重不可致。」

一二六五、不孝陷地死

輟耕錄卷二十八「不孝陷地死」：「杭州楊鎭一兇徒，素不孝於母，尤凌虐妻子。有子三歲，愛惜甚至。妻常負，偶失手，攧損其頭，泣而謂姑曰：夫歸，婦必被搵死，不若先溺水之爲幸。姑曰：汝第無憂，但云是我之誤，我却去避汝小姑處，俟其怒息而還。至晚夫歸，見兒頭破，徑捽妻，欲殺之。妻告曰：非我過也，婆攧之耳。懼汝怒，已往小姑家去，遂釋之。次日持刀尋母，中途藏諸石下。却到妹家，好言誘母還。至石邊，忿躁詈罵，取刀殺母，竟失藏刀所在，惟見巨蛇介道。畏怯退縮，不覺雙足陷入地中，須臾即沒至膝，七竅流血，聲罪自咎。母急扶抱，無計可施。走報於婦掘地，隨掘隨陷，啖以飲食，三日乃死。觀者數千人，莫不稱快，時至正甲辰六月也。」

一二六六、似黿三足大如車輪

隱居通議卷三十「天師退潮」：「大德二年戊戌歲，春潮犯鹽官州，浸溢百餘里……。請於江浙行省，迎天師退潮……。遣宮中道士，持鐵符往治之。既至鹽官州……，乃易法服……行法，擿鐵符，符躍波面者數回，而後沈沒。頃之，天色晦冥，霹靂一聲，越數日，乃見於別處，擁起沙堆十餘里，於其上得一物，似黿大如車輪，介而三足，蓋所謂能也。取而剖其半入朝，以其半入上清宮，表顯其事。」

二六七、遇蛟蟒附而出

湛淵靜語卷一：「廬山之陽，顛崖千尺，下臨大江。崖之半，懸絡古木藤蔓。有蜂室其上，如五石甕者。四過而利之者，下睨無策，俄有二樵，謀取之，得其利，可以共濟。於是一人縋巨木而下，約二三丈達，得蜜無筭。一人於其顛，引繩上下之。而上之人，欲專其利，絕繩而去，不顧一人在下叫號。久之，知不免，采餘蜜併其滓食之，因不饑。蹣跚石罅，得一穴，頗深暗，顧見一物如蛟蟒，蟄其中，腥穢不可近。又久之，忽開兩目如鉦，光焰爍人，然亦不動。其人怖甚，而無地可遁避。且其中氣燠，可禦寒，因出沒焉，待盡而已。忽一日雷聲作，其物蜿然而起，雷再作，則挺身由穴而出。其人自念等死爾，不若附之而去，萬一獲免，遂攀鱗而躍，約一二里頃，竟為此物所掉，著地得不死。後訴於官，捕專利者杖殺之，廣信朱復之說。」

二六八、官員辯便覊霸不分

日聞錄：「近年以來，正官多不識字。至正年間，淮東有一路總管在任，省劄行下，辯驗收差，課程錢穀。喚該吏怒曰：省劄云，便檢錢許多，鈔在庫，如何不便檢，錯以辯驗爲便檢也。又一縣令，修理樵樓，讀樵爲醮。又讀羈管爲霸管。又以首領官，只管祇候，至今以爲笑談。」

一六九、蟲如巨鱔

庶齋老學叢談卷上：「齊地有蟲，類蚯蚓，大者人謂之巨白善，孽地以行。」

一七〇、汴渠水漲泉涸水枯泉出

研北雜誌卷上：「辛卯秋，汴渠涸於宿州界上，岸旁得一泉，甘美清涼，絕異常水。其鄉人言：水漲則不見，冬涸則其泉涓涓，深可愛。余以水品中，不在第三。」

一七一、天祿二字辟邪

研北雜錄卷下：「南陽宗資墓旁，巨獸膞上，有刻字曰：天祿辟邪。鮮于伯機，少時曾至其地，親見西門北門，各有二獸，但北門外者，去墓不遠，故附會之。大軍圍襄陽時，士卒多病瘧，模天祿二字，焚而吞之即愈，人以爲異，然辟邪已壞矣。」

一七二、父食其子

閒居錄、「大德丁未，兩浙饑，浙東爲甚，越民死者殆盡。父食其子，以圖苟存。」

一七三、江水突竭沈寶悉露

草木子卷三：「至正初，揚子江一夕忽竭，舟檝皆閣於途中，露有錢貨無數，盖是累覆舟之遺物也。人爭取之潮輒走，潮退復然。亦有走不及，而渰死者。如是累日，江復安流。」

一七四、海笑

草木子卷三：「至正戊子，永嘉大風，海舟吹上平陸高坡上三二十里，死者千數，世人謂之海笑。」

一七五、嚴寒蜂蝶競出

草木子卷三：「己亥冬，盛寒之月，蜂蝶競出，多入人家香爐上立，後皆凍死。按此物，當春暖花香則出，苦寒出，非其時。」

一七六、石自行走

草木子卷三：「遂昌縣徐孟芳母舅，見沙洲一石，自行自走，異之，遂拾以歸，後碎之，實石也，他無所有。」

二七七、虎墮井

石初集卷三「虎墮井」：「神岡距郡十里，虎晝攫人，轉身竹籬，陷入眢井，眾共殪之。」

二七八、埋冤樹

石初集卷三「埋冤樹」：「郡城西郊官道側，有樹名埋冤，往來必於此少息。因賦托興，庶幾有位者，聞而動心焉。」「出城十里西南去，行投經過倦休處……，相傳此是埋冤樹……。朝吁械繫逮詞訟，夕斂鞭扑逋稅錢。富豪招權逞濫入，孱弱破家哀子立。幾人飲恨淚徹泉，樹不能言天爲泣。埋冤得名良可悲，郡中守令知不知。」

二七九、狗寨

龜巢集卷三「狗寨謠」：「往聞淮西軍食人，狗亦有寨屯如軍。是時江南幸無事，尚謂傳者言非真。安知吾鄉今亦爾，地方百里皆荆榛。三村兩村犬成群，見人如見東郭㕙。

跳踉大噉猛于虎……，天外飛鳶銜斷筋。征夫早去膽欲落，冤鬼夜哭情難伸。可憐性命葬饞腹，往往多是近鄉民……。」

二八〇、石中人趺坐若生

困學齋雜錄：「秘書郎喬仲山云，至元十年，自東曹掾，出使延安，道出鄜州。土人傳有杜少陵骨，在石中者，因往觀之。石出州市，色青質堅，樹於道旁，中有人骨一具，趺坐若生而成者，與石俱化，以佩刀削之，真人骨也。」

二八一、童解鷄語群鷄聽命

玉笥集卷二「神鷄詞」：「神鷄童，解鷄語……。率雙雄，分兩旅……。左雄巍冠滴紅藍，右雌彩翩翩花羽……。」

二八二、烈婦殺虎

松雪齋集卷三「烈婦行」：「至元七年冬，邠州軍士劉平之戍棗陽，與妻胡俱。道宿車下，平爲虎所得，胡起追及之，殺虎脫其夫。」

二八三、烈女殺虎

淵潁集卷四「女殺虎行」：「山深日落猛虎行，長風振木威髬鬡。父樵未歸女在室，心已與虎同死生。揚睛掉尾腥滿地，狹路殘榛苦遭噬。豈非一氣通呼吸，徒以柔軀扼強鷙……。關東賢女不足數，孝女千年傳殺虎。」

二八四、死拒再適

復古詩集卷四「女貞木楊氏」：「余從父女弟名宜，既笄許陸氏，娶一夕陸卒。後達官聘之，宜誓不嫁，母偪之，閉重戶自盡，余表墓曰女貞。」

二八五、千里尋母

元詩選二集甲「清山集、何和尙尋母并序」：「何，上饒人，因丙子亂失母，乃削髮爲僧，刺血寫經，遍天下尋之。至燕，値國方僧六萬三千人，何於會煉臂，一僧問，何願受此苦，何具言所以。僧云：京兆府金鄉縣張官人問之，即往詢求，乃知俱往吉州仕宦矣。何到吉州大和，得知張名守德，爲大和尹。乞食門曰：有母在此。閽入言，母出，不復認。何言我辛酉生，母乙巳生，具言外氏祖父母，方記憶，相向大哭，蓋母由他人三易主矣。張令加冠巾，約爲兒，許爲娶婦。何曰：初事佛求母，豈可得母，負吾初心。乃陳省以母不當擄，張以爲買，引法力爭。何日哭於省前，當有仁人，哀而助之者，後竟得母以歸。」

二八六、好客

古今談概「癖嗜部第九、好客」：「元盛時，江右胡存齋參政好客，每虞閽人不通刺。若在家，即於門首掛一牌云，胡存齋在家。」

二八七、楊鐵崖束脩奇昂

古今談概「佻達部第十一、楊鐵崖」：「姑蘇蔣氏，巨家也。有子甫八齡，欲爲求師。時楊鐵崖，居吳淞，放情山水，日攜賓客妓女，以文酒爲樂。蔣往延之。楊曰：能從三事則可，幣不足計也。一無拘日課，二資行樂費，三須十別墅，以貯家人，蔣欣然從之。楊留三年，其子俱成名。」

二八八、身矮受叱

古今談概「雅浪第二十六、孔椽吏」：「元皇慶間，浙江有孔椽吏，身軀短小，僅與公案相等。凡呈牘文，必用低凳立。脫歡丞相，以先聖子孫，每禮遇之。時有許文正公，從祀孔子廟庭。公子孫知政事，惡孔風度不雅，以小過叱之退。脫歡曰：他祖公容參政之父祖坐，參政反不容子孫立，相與一笑。」

一八九、貫酸齋解紳窘

古今談概「文戲部第二十七，貫酸齋解大紳」：「錢塘有衣冠士人，遊跑虎泉，飲間賦詩，以泉爲韻。中一人，但哦泉泉泉，久不能就。忽一叟，曳杖而至，問其故。應聲曰：泉泉泉，亂迸珍珠箇箇圓。玉斧砍開頑石髓，金鈎搭出老龍涎。眾驚問曰：公非貫酸齋乎？曰然，然，然。遂邀同飲，盡醉而去。」

一九〇、御題奇石

稗史彙編卷之九「御題石」：「大德初，廣積官售雜物，有靈石，小峰僅六尺，高之半。玲瓏秀潤，所謂卧沙，水道轉摺，胡桃紋皆具。山峰之頂，有白石正員，瑩然如玉。徽宗御題八小字於旁曰：山高月小，水落石出。略無琱琢之跡，真奇物也。」

一九一、曹操疑塚

稗史彙編卷之十三「疑塚」：「元人詠曹操疑塚詩云、生前欺天絕漢統，死後欺人設疑塚。人生用計死即休，何有遺機到丘壠。人言疑塚我不疑，我有一法君未知，會須盡伐疑塚七十二，必有一塚藏君屍。陶南村曰，此詩之鈇鉞也。」

一九二、至正異徵

稗史彙編卷一百七十二「至正異」：「至正十二三年，杭潮常不波。十九年，京師子規啼，並載正史。至二十二年，順帝夢豬哄大都城覆，遂禁軍民間畜豬。天兵未至京，一月有鵜鶘鳴端明殿，作滅胡之聲。帝命善射者射之，終莫能中。天兵既至柳林，暹明帝召百官，議戰守之討，忽存二狐，自內殿出。帝嘆且泣曰：宮禁嚴密，此物何得至此，非天之所以告朕哉。即命開建德門北去，實二十七年九月也。」

一九三、結羊腸

趙待制遺稿「結羊腸」：「都下風俗，正月十六日，家家兒女，以紙九條，或用皮者，結以為卜，謂結羊腸，其名甚古，因以詠之。」

一九四、詩阻從逆

海涵萬象錄卷四：「元末程國儒，任餘姚州判官，因亂來依方國珍，與呂元英爲友。國儒有鶴依牡丹圖，索呂題云：牡丹花畔鶴精神，飛並雲林似倚人。萬里青霄不歸去，洛陽能有幾時春。程得詩，即日趣裝回番陽。」

一九五、骸骨如丘

元詩紀事卷五「方回、聽航船歌」：「南姚村打北姚村，鬼哭誰隣枉死魂。爭似梢工留心喫，秀州城外鴨餛飩。」桐江集自注：「秀之南門，至海鹽古塘八十里，人人帶刀讎劫。十二年間，私殺官誅，骸骨如丘。春半久雨走筆三則。」

一九六、黃鶴白鷳千里傳書

元詩紀事卷六「章彬、白鷳詩」：「草暖蘋香月上遲，白鷳黃鶴往來時。雲山隔斷一千里，日日相遇人不知。」晉安逸志：「宋咸淳間，福州進士陳嘉言，號書隱，以對策忤賈似道，斥授建州司戶，嘗養黃鶴白鷳，出入與俱，銜書往來。景炎丙子，元師入建州，書隱遂歸福州。去建州千里之遙，二禽傳命，不間晨夕。時彬避地建州，慕書隱之風，託詩以交。一日書隱待月江上，忽白鷳至，得詩云云。神交二十餘年，彼此不識面。」

二九七、井中鐵柱

元詩紀事卷七「熊朋來、豫章鐵柱宮」：注：「江西通志，豫章鐵柱宮，井中鐵柱，歷代名賢，多有題詠。」

二九八、馬斃賊

元詩紀事卷十九「嚴將軍戰馬歌并序」：「至正乙未春，常多盜，省府調兵捕之。浙東宣慰司元帥嚴公，來總軍事。未幾，無錫乎。移軍武進，一日擣本富莊賊巢，軍中失二馬。明日，賊乘之，抗官兵烈塘上。二馬聞金鼓來奔，賊控勒不能止，遂墮馬，馬立踶殺之，官兵大捷。故烈塘之民，咸神其事。」

二九九、王冕命薄

元詩紀事卷二十一「王冕、應教題梅」：「七修類稿：王冕身長多髯，少明經不偶，即焚書讀古兵法。戴高帽，披綠簑，擊木劍，行歌於市，人以爲狂士之負才氣者，爭與之游。平生嗜畫梅，畫成未嘗無詩也。有詩：獵獵吹倒人，乾坤無處不生塵。胡兒凍死長城下，始信江南別有春。或以是詩刺時，欲執之，一夕遁。後太祖物色得冕，因與糲飯蔬羹，山農且談且食。上喜曰：可與共大事，授咨議參軍，一夕暴卒。」

三〇〇、潛心讀書因而釋疑

兩山墨談卷十：「趙松雪……元主以其儀觀非常，且宋宗室，懼爲眾望所歸，竊忌之。一日步至館閣，松雪據案書讀，乃默從後相肩背，笑云：此不過秀才官耳，自是信任不疑。」

三〇一、兄弟分仕元宋

兩山墨談卷十三：「張弘範張世傑，本兄弟也。一爲元伐宋，期於剷平。一奉宋抗元，志存社稷。比之諸葛弟兄，又有間矣。」

三〇二、水銀海

兩山墨談卷十六：「元延祐間，佛啉國使來朝，備言其城，當日沒之處。有水銀海，周圍可四五十里。國人取之之法，先於近海十里，掘坑井數十，然後使健夫駿，皆貼以金薄，迤邐行近海。日照金光晃耀，則水銀滾沸，如潮而來，勢若粘裹。其人即迴馬疾馳，水銀隨後趕至。若行稍遲，人馬俱爲水銀撲沒。人馬既迴速於是水銀，勢漸遠，力漸微，却復奔回，遇坑井，則水銀溜積其中。然後旋取之，用香草同煎，則花銀矣。」

三〇三、伯顏清雅有古良將之風

兩山墨談卷十七：「元伯顏率師伐宋，世祖曹彬下江南諭之。其至臨安，駐軍城北，戒飭將士，市無剽掠，民無震擾。遣人諭幼主降，次收圖書法物，然後，偕其君臣以北。從容閒雅，有古良將之風……。嘗見其還經金陵梅嶺岡詩云：擔頭不帶江南物，只插梅花一兩枝……。有古人行李蕭然，圖書數卷之況味。其清致雅尙，殆非夷狄中人物也。」

三〇四、隕石擊碎太廟神主

至正直記卷一「文宗皇帝」：「虞伯生……奉詔出文宗神主，詔未出，而太廟隕石，已擊碎碧玉神主矣。」

三〇五、帝命去此峰

至正直記卷一「文宗皇帝」：「今上潛邸遠方時，經過某郡，見一山甚秀，但一峰不雅，聖意欲去之。後思其山，令畫工圖以進，復見此一峰，用筆抹去，未幾，雷已擊削此真峰矣。」

三〇六、太后諭蛙勿鳴

東園友聞：「仁廟潛邸日，奉太后在懷孟駐蹕之夕，暑雨方霽，群蛙亂鳴，閤闔不少休，兩宮達旦不寐。翊日，近百宣太后諭蛙曰：吾母子方憒憒，蛙惱人邪，可往他處鳴，毋復留此。自是至今十餘年，蛙不再鳴。」

三〇七、明珠化水

至正直記卷一「徑寸明珠」：「近聞前代，常有以徑寸明珠進御者。一宦官見之，即求賄賂，其人不從。宦官遂絲絡，懸珠于梁。焚乳香薰之，須臾，珠即化爲水。其人失色，宦官曰：爾獨不能識寶耳。此非明珠也，乃猿對月凝視久墮淚，含月華結成者也，其人慚悟而去。」

三〇八、張天師施法禁蛙鳴

東園友聞：「江東信州，故宋時，取土築城，爲濠百畝，渺然有江湖之意，遂名南池。中有地，可架屋數十楹。舊爲州民某氏，居之有年矣。歸附後，滅徹來監是郡，遂有其地。春夏之交，每苦群蛙聒人，然無術以去之。三十八代天師，廣微子朝京還，用以此告廣微，以瓦片朱書篆，使人投於池中曰：群蛙自此毋作聲。於是寂然，至今絕無蛙鳴，亦可異也。」

三〇九、空漢地為草原

元名臣事略卷五「中書耶律文正王」：「自太祖西征後，倉廩府庫，無斗粟尺帛。而中使別迭等僉言，雖得漢人，亦無所用，不若盡去之，使草木暢茂，以為牧地。」

三一〇、罷科舉

元史紀事本末卷二「科舉學校之制」：「至元元年十一月，詔罷科舉。初徹爾特穆爾，為江浙平章。會科舉驛請考官，供應甚盛，心不能平。及復入中書省，首議罷科舉，及學校莊田租，可供宿衛士衣糧。」

三一一、地出白毛

鐵崖古樂府卷五「地震謠」：「至正壬午七月朔，地震如雷，民屋杌隉，土出毛如白絲。」

三一二、鳩巢下十步無草生

鐵崖樂府卷四「殊鳩」：「鳩出蘄州黃梅山，狀類訓狐，聲如腰鼓。巢于大木顛，巢下數十步，無草生。」

三一三、孝犬

鐵崖樂府卷四「桃花犬」：「邑吳氏仲衡家，畜犬病跱，子能銜食哺其母。死葬小山下，有花開如白鳳仙，人因稱之爲孝犬云。」

三一四、鐵箭神異

鐵崖樂府卷三「鐵箭」：「事見臨安志，箭今在杭城外，南新橋北。大若杵，然鏃首出土面人，撼之可動，而不可拔也。父老云：掘土深，則簇隨土陷。培以土，則隨土以高，此其神異也。」

三一五、石現觀音

文獻集卷三十「觀音石贊」：「虎林翁君祥卿，得圓石一，大可五六寸。上現圓通大士，妙嚴寶相，坐寶蓮華，善財童子，合爪侍側，蓋大士住，不可思議。」

三一六、畫地為船以訓水師

元史卷一百六十一「劉整」：「造船五千艘，日練水軍。雖雨不能出，亦畫地爲船而習之，得練卒七萬。」

三一七、膂力絕人舉四百斤

元史卷一百六十二「史弼」：「弼長，通國語，膂力絕人，能挽強弓，里門鑿石爲獅，重四百斤，弼舉之，置數步外。」

三一八、軍火庫爆炸

癸辛雜識前集「砲禍」：「至元庚辰歲，維揚砲庫之變爲尤酷。蓋初焉，製造皆南人，囊槖爲奸，遂盡易北人。而不諳藥性，碾硫之際，光燄倏起，既而延燎火槍，奮起迅如驚蛇。方玩以爲笑，未幾透入砲房，諸砲併發。大聲如山崩海嘯。傾城駭恐，以爲急兵至矣，倉皇莫知所爲。遠至百里外，屋瓦皆震，號火四舉，諸軍戒嚴，紛擾凡一晝夜。事定按視，則守兵百人，皆糜碎無遺。楹棟悉寸裂，或爲砲風扇至十餘里外。平地皆成坑谷，至深丈餘。四比居民二百餘家，悉罹奇禍，此亦非常之變也。」

三一九、蝶大如扇

癸辛雜識前集「化蝶」：「楊大芳娶謝氏，謝亡未殮，有蝶大如扇，其色紫褐，翩翩自帳中徘徊，飛集窗戶間，終日乃去。」

三二〇、野猪皮厚如重甲

癸辛雜識卷上「大野猪」：「北方野猪，大者數百斤，最獷悍難獵。每以身揩松樹，取脂自潤，然後卧沙中，傅沙於膏。久之，其膚革堅厚，如重甲，雖勁弩不能入也。其牙尤堅利如戟，馬至，則以牙捎之，馬足立傷，雖虎豹所不及也。」

三二一、獵犬畏狐

癸辛雜識卷上「大野猪」：「又云，獵犬之良者，最畏狐。蓋狐善以穢氣，薰犬目即瞽。收獵者，凡見狐，必收犬，蓋恐爲所損也。」

三二二、數百里皆玉山

癸辛雜識卷上「西域玉山」：「劉漢卿嘗隨官軍，至小回回國，去燕數萬里。每雨過，山泥淨盡。數百里間皆玉，山相照映，碧澱子皆高數尺，豈所謂瑯玕者耶。」

三三、睡蓮夢草

古今說海卷十三「真臘風土記總叙」：「睡蓮，葉如荇而大，浮於水面。其花布葉數重，五種色，當夏晝開，夜縮入水底，晝復出也。與夢草，晝入地，夜復出，一何背也。」

三四、杖輕似竹而極堅

癸辛雜識卷上「靈壽杖」：「杖出西域，自黃河隨流而出，不知爲何木。其輕如竹，而性極堅韌。」

三五、杖似紅玉能辟雷

癸辛雜識上卷「靈壽杖」：「又有頳柳，色如紅玉，亦可作杖，能辟雷。每雷作時，杖頭皆有火光，殊不可曉……。自黃河流下，不知何國物也。」

知何國物也。」

三二六、桃核大如升

癸辛雜識卷上「靈壽杖」：「又有大桃核如升，可以破而爲碗。皆自黃河流下，不

三二七、海神擎日

癸辛雜識卷上「海神擎日」：「揚州有趙都統，號趙馬兒，嘗提軍船，往援李壇於山東。船至登萊，殊不可進，滯留凡數月。嘗於舟中，見日初出海門時，有一人，通身皆赤，眼色純碧，頭頂大日輪而上。日漸高，人漸小，凡數月，所見皆然。」

三二八、海上美女登船取髮

癸辛雜識卷上「海船頭髮」：「澉浦楊師亮，航海至大洋，忽天氣陡黑，一青面鬼，躍入舟中，繼有一美婦人至，顧左右取頭髮，舟人皆辭以無，婦人顧鬼自取之。即於船板下取一籠，啓之，皆頭髮也，婦人取數束而去。」

三二九、天裂

癸辛雜識卷上「天裂」：「咸淳癸酉十月，李祥甫庭芝，自江陵被召至京口，一日午後，忽見天裂，見其中軍馬旗幟甚眾，始紅旗，繼而皆黑旗，凡一茶頃乃合，見者甚眾。」按咸淳癸酉，即元至元三年。

三三〇、捕盜馬者知大江可涉

癸辛雜識上卷「盜馬踏淺」：「甲戌透渡之事。其先乃因淮閫，遣無鼻孔回回，潛渡江北盜馬，或多至二三百匹，其後遂為所獲。遂扣其渡江踏淺之處，乃自陽羅堡而來。於是大江可涉地，北盡知之，遂由此處而渡焉。」

三三一、海井

癸辛雜識卷上「海井」：「華亭縣市中，有小市賣舖，適有一物如小桶而無底，非竹非木，非金非石，既不知其名，亦不知何用，如此者凡數年，未有過而睨之者。一日有海舶老商見之，駭愕且有喜色，撫弄不已，叩其所直。其人亦黠黠，意必有所用，漫索五百緡。商嘻笑償以三百，即取錢付黠。因叩曰：此物我實不識，今已成交，得錢決無悔理，幸以告我。商曰：此至寶也，其名曰海井。尋常航海，必須載淡水自隨，今但以大器，滿貯海水，置此井於水中汲之，皆甘泉也。平生聞其名於蕃賈，而未嘗遇，今幸得之，吾事濟矣。」

三三二、海蛆

癸辛雜識卷上「海蛆」：「凡海舟，必別用大木板獲其外，不然，則船身必爲海蛆所蝕。」

三三三、痲醉劑押不蘆

癸辛雜識卷上「押不蘆」：「回回國之西數千里，地產一物極毒，全類人形，若人參之狀，其酋名之曰押不蘆。生土中，深數丈，或誤觸之，著其毒氣必死。取之法，先於四旁，開大坎，可容人。然後以皮條絡之，皮條之系，則繫於犬之足。既用杖擊逐犬，犬逸而根拔起，犬感毒氣隨斃。然後就埋土坎中，經歲，然後取出曝乾，則用他藥制之。每以少許，磨酒飲人，則通身痲痺而死。雖加以刀斧，亦不知也。至三日後，別以少藥投之即活。蓋古華陀，能刳腸滌胃，以治疾者，必用此藥也。」

三三四、冰蛆

癸辛雜識卷下「冰蛆飛駝」：「西域雪山，有萬古不消之雪，冬夏皆然。中有蟲如蠶，其味如蜜，其冷如冰曰冰蛆，能治積熱。」自注：「今杭州路達嚕噶齊，納蘇穆爾，嘗為使臣，至其處，親見之。」

三三五、獅溺虎首

癸辛雜識卷下「貢獅子」：「近有貢獅子者，首類虎，身如狗，青黑色，官中以為不類所畫者，疑非真。其入貢之使，遂牽至虎牢之側，虎見之，皆俯首帖耳不敢動。獅子遂溺於虎首，虎亦莫敢動焉。」

三三六、鐵鍋牛吼而破生紅蟲數百

癸辛雜識卷下「鐵蛆」：「鮮于伯機云：向聞乃翁云北方有古寺，寺中有大鐵鍋，可作數百人食。一夕忽有聲，如牛吼，曉而視之，已破矣。於鐵竅中有蟲，色皆紅，凡數百枚，猶在蠕動者，鐵中生蟲，亦前所未聞也。」

三三七、鳥卵漲大化物穿屋而出

癸辛雜識卷下「吳氏鳥卵」：「吳子明居杭之橫塘，晚年閒步水濱。忽見泥中一物蠕動，疑為蚍類，細視之，乃一鳥卵，大可如拳，心異之。遂取歸，寘之聖堂，淨水盂中。旋即漲大，忽發大聲，穿屋而出，或以為龍卵云。然吳竟以此驚悸，成疾而殂。」

三三八、蛛大五斗腹中藏明珠

癸辛雜識卷下「蜘蛛珠」：「蒙古及之在福建行省時，有村落小民家一婦人，以織麻為業，每夜漚麻於大水盎中，忽一日視之，盎中水涸矣。視之，初無隙漏，凡數夕皆然。怪其異，至夜俟之。夜過半，果有一物來，徑入盎中飲水。其身通明如月，光炤滿室，婦細視之，乃一白蜘蛛耳，其大如五斗栲栳。其婦遂急以大鷄籠罩之，剖其腹，內得一珠，如彈丸大，照明一室。是夕，地分軍士，皆見其家，有火燭天，疑為有火。翌日遂往叩之，其婦人以為無有。軍人之黠者，以言誘之，終不能隱，遂出示之。其卒脅以威，以十五千得之。既而千戶知其事，復殺卒以取之。如此轉手，亦殺數人，最後歸之蒙古。遂以所得，福王玉枕，併進之，遂得江浙平章。聞內府一珠，向以數千錠，得之於海賈。方之此珠，不及其半，蓋絕代之寶也。」

三三九、剖腹取孿作臘烹婦祀神

癸辛雜識卷下「孕婦雙胎」：「吉安縣村落間，有孕婦……，卜者招之曰，今日作餛飩，可來共食，婦人就之，同入廟中一僻靜處。笑曰，汝腹甚大，必雙生子也。婦曰，汝何從知之。曰，可伸舌出者，可驗男女。婦人即吐舌爲其人以物鈎之，遂不可作聲，遂刳其腹，果孿子。因分其屍，烹以祀神。且孿子，炙作臘，爲鳴童預報之神……。」

三四〇、蚌中龍蛇

癸辛雜識卷下「龍蚌」：「老學菴筆記言，壽春縣灘上，有一蚌，其中有龍蟠之迹，以爲絕異。余嘗於楊氏勤有堂，見其亦類此，疑即壽春之物。既而隣邸有六家，有客人持一蚌殼求售，其中儼然一蛇，纍纍若貫珠。乃知天壤之間，每有奇事。」

三四一、死驢馬肉有毒

癸辛雜識卷下「死馬殺人」：「凡驢馬之自斃者，食之，皆能殺人，不特生丁瘡而已，豈特食之。凡剝驢馬，亦不可近，其氣薰人，亦能致病，不可不謹也。今所賣鹿脯，多用死馬肉爲之，不可不知。」

三四二、天雨黑米紅豆

癸辛雜識卷下「天雨豆米」：「至元丙申三月十八日，永嘉天雨黑米，粒小而多，飯可食。泉州雨紅豆，亦可爲飯，其色如丹砂，前未見也。乙未歲，江西歉甚，時天亦雨米，貧者得濟。富家所雨，則雪也，此又異甚。」

三四三、杏仁有毒可殺人

癸辛雜識卷下「杏仁有毒」：「松雪云，杏仁有大毒，須煮令極熟，中心無白爲度，方可食。用生，則能殺人。凡煮杏仁汁，若飲犬貓立死。」

三四四、四聖水燈奇異

癸辛雜識卷下「四聖水燈」：「西湖四聖觀前，每至昏後，有一燈浮水上。其色青紅，自施食亭，至西陵橋，復回。風雨中，光愈盛。月明則稍淡，雷電之時，則與電爭光閃爍。余之所居，在積慶山巔，每夕觀之，無少差，凡二十餘年矣。」

三四五、閹犬生子嘴爪血紅

輟耕錄卷十九「松江志異」：「至正壬寅八月中，上海縣三十四保，辰字圍金壽一家，已閹雄狗，生小狗八，其一，嘴爪紅如鮮血。」

三四六、萬獸之王

輟耕錄卷二十四「帝廷神獸」：「國朝宴諸王大臣，謂之大聚會。是日盡出諸獸於萬歲山，若虎豹熊象之屬，一一列置訖，然後獅子至。身才短小，絕類人家所畜，金毛猱狗。諸獸見之，畏懼俯伏，不敢仰視，氣之相壓也如此。」

三四七、獅子吹毛而食

輟耕錄卷二十四「帝廷神獸」：「國朝每宴諸王大臣……，盡出諸獸於萬歲山……。各飼以鷄鴨野味之類，諸獸不免以爪按定，用舌去其毛羽。惟獅子則以掌擊而吹之，毛羽紛然脫落，有若燖洗者，此所以異於諸獸也。」

三四八、龜代申冤

輟耕錄卷十五「龜獄」：「盧伯玉文璧，至正初，尹荊山日，忽有一巨龜登廳前，兩目瞠視，類有所訴者。令卒尾之行，去縣六七里，有廢井，遂跳入不出。既得報往，集里社汲井，獲死屍，乃兩日前，二人同出爲商，一人謀其財而殺之，掩捕究問抵罪。死者之家屬云：其在生，不食龜，見即買放，豈一念之善，爲造物者，固已鑒之。龜能雪冤，良有以也。」

三四九、誤墮龍窟而致富

輟耕錄卷二十四「誤墮龍窟」：「徐彥璋云，商人某，海船失風，飄至山島，匍匐登岸，深夜昏黑，偶墜一穴，其穴險峻，不可攀緣。比明，穴中微有光，見大蛇無數，蟠結在內。始甚懼，久稍與之狎，蛇亦無吞噬意，所苦飢渴不可當。但見蛇時時舐石壁間小石，絕不飲啗。於是商人，亦漫爾取小石噙之，頓忘飢渴。一日聞雷聲隱隱，蛇始伸展，相繼騰升，纔知其爲神龍，遂挽蛇尾得出。附舟還家，攜所噙小石數十，至京城，示識者，皆鴉鶻等寶石也。乃信神龍之窟，多異珍焉。自此，貨之致富。彥璋親見商人，道其始末如此。」

三五〇、天晴而隕魚

輟耕錄卷二十四「天隕魚」：「至正丙午八月辛酉，上海浦東俞店橋南，牧羊兒三四，聞頭上恰恰有聲，仰視之，流光中隕一魚，刺麻佳上，成二創。其狀不常見，自首至尾根，僅盈尺，似濶霸而短。是日，晴無陰雲，亦無鵰鶚之類，是可怪也。」

三五一、巧對捷敏

輟耕錄卷二十八「邱機山」：「邱機山，松江人，宋季元初，以滑稽聞于時，商謎無出其右，遨遊湖海間。嘗至福州，譏其秀才不識字。衆怒，無以難之。一日構思一對，欲令其辭屈心服，對云：五行金木水火土，邱隨口答曰：四位公侯伯子男。其博學敏捷類如此。」

三五二、不亂附妾

輟耕錄卷四「不亂附妾」：「維揚秦君昭，妙年游京師，其執友鄧，載酒祖餞。既而昇一殊色小鬟至前，令拜秦，因指之曰：此吾爲事部主事某人，所買妾也。幸君便航，可以附達。秦弗敢諾，鄧作色曰：縱君自得，亦不過二千五百緡耳，何峻辭乃爾，秦勉強從命。迤邐至臨清，天漸暄，夜多蟲蚋可畏，內之帳中同寢，直抵都下。置館舍主婦處，持書往見主事。問曰：足下與家眷來耶，曰無。主事意極不悅，隨以小車取歸。踰三日，謁謝曰：足下長者也，昨已作答簡，附便驛，報吾鄧公。且使知足下，果能不孤公付託之意笑。遂相與痛飲，盡歡而散。夫柳下惠夜宿郭門，有女子來同宿，恐其凍死，坐之於懷，至曉不爲亂……，故千古以爲美事。今秦於此一女子也，相處數千里，飲食起居，無適而不同，又非造次顛沛者之比，可謂厚德君子矣。後秦之子孫，咸至顯宦。」

三五三、黃巢地藏

輟耕錄卷七「黃巢地藏」：「趙生者，宋宗室子也。家貧苦，居閩之深山，業薪以自給。一日伐木水滸，忽見一巨蛇，章質盡白，昂首吐舌，若將噬己。生棄斧斤，奔避得脫。妻問故，具以言。因竊念曰：白鼠白蛇，豈寶物變幻耶。即拉夫同往，蛇尚宿留未去。見其夫婦來，回首遡流而上，尾之行數百步，則入一巖穴中。就啓之得石，石陰刻押字，與歲月姓名，乃黃巢手瘞。治爲九穴，中穴置金甲，餘八穴，金銀無算。生掊取畸零，仍舊掩蓋，自是家用日饒，不復事薪。鄰家疑其爲盜，告其姊之夫，嘗爲吏者。吏詢之嚴，不敢隱，隨餽白金五錠。吏貪求無厭，訟之官，生不獲己。主一巨室，悉以九穴奉。巨室廣行賄賂，有司莫能問。迨帥府特委福州路一官，往廉之。巨室私獻金甲，因回申云：具問本根所以實，不曾掘發寶藏，其事遂絕。路官得金甲，珍襲甚至，任滿他適，其妻徙置榻下。一夕，聞繞榻風雨聲，頃刻而止，頗怪之。夫歸，共取視，鐍鑰如故，啓籠，乃無有也。生無子，夫婦終老巨室。嗟夫，天地間物，苟非我有，雖得之，亦終失也。巢之亂唐天下，剽掠寶貨，歷三四百年，至於我朝，而爲編氓所得。氓固得之，不能保之，而歸於富家。其路官者，得金甲，自以爲子孫百世計，一旦作神物化去，是皆可爲貪婪，妄求者勸。」

三五四、還金絕交

輟耕錄卷七「還金絕交」：「曹公克明，鑑，號以齋，宛平人。爲湖廣行省員外郎日，麻陽主簿顧淵白，致書問訊，且以辰砂一包見寄。未及啓封，漫置篋笥中。後有冤官過訪，因論製藥，爲苦無好辰砂。公曰：我一故人，嘗以此爲惠，當奉送。及取視，乃有砂金三兩雜其內。公驚嘆曰：淵白以我爲何如人也。時淵白已沒，呼其子歸之。其廉潔如此，官至禮部尙書，謚文穆。」

三五五、五馬入門

輟耕錄卷八「五馬入門」：「吾鄉陳剛中先生孚，臨海人，國初時，嘗爲僧以避世變。一日大書所作詩，於其父執某之粉墻上云：我不學寇丞相，地黃變髮髮如漆。又不學張長史，醉後揮毫掃狂墨。平生紺髮三十丈，幾度和雲眠石上。不合感時怒衝冠，天公罰作圓頂相。肺肝本無兒女情，亦豈惜此雙髩青。只憶山間秋月冷，搔首不見鬔鬆影。父執見之曰：此子欲歸俗也，呼來館穀之，命養髮。經半年餘，謂曰：汝當娶，吾將以女事汝，先生辭謝再三。既而命寓他所，遣媒妁行言，擇日迎歸。父執喜曰：五馬入門矣！先生雖獲佳偶，自妻母以至妻之兄弟姊妹皆不然，遂挈家入京。館閣諸老，交章荐舉，入翰林。會朝遣使入交趾，授先生禮部郎中副之。至交州嘗有詩云：老母越南垂白髮，病妻塞北倚黃昏。蠻烟瘴雨交州客，三處相思一夢魂。及抵安南國，以文字言語諭之，其國遂降。將其世子并國相入朝。以功授治中，典鄉郡，終老焉。若父執者，可謂識人也已。」

三五六、嫁妾猶處子

輟耕錄卷八「嫁妾猶處子」：「先師錢先生璧，字伯全，壬申科進士。端重清慎，語不傷氣。嘗內有一女鬟，風姿秀雅，殊可人意，室氏勸先生私之。正色而答曰：我之所以置此者，欲以侍巾櫛耳，豈有他意哉，汝乃反欲敗吾德耶。即具貲嫁之，果處子也，先生雲間人。」

三五七、雙竹杖

輟耕錄卷五「雙竹杖」：「白廷玉先生珽，號湛淵，錢塘人。家多竹，忽竿上岐爲二，人皆異之。賦雙竹杖詩，未及先生歿。先生有二子，或爲先兆云。」按：竹皆一幹，餘皆細枝葉，差別出支幹，亦奇也。

三五八、題屏謝客

輟耕錄卷九「題屏謝客」，「三寶柱，字廷珪，色目人，頗有才學知名。雖湛於酒色，而能練達吏事，剛正有守。爲浙省郎中日，大書四句於門屏上曰：逆刮蛟龍鱗，順捋虎豹尾。若將二伎論，尤比於人易。其意，蓋以杜絕人之求請耳。然亦隘矣哉，終不顯達，而死於難。」

三五九、寶鏡能預知休咎

遺山集卷十二「姨母隴西君諱日作三首」：「自注：陽曲劉氏家大寶鏡，能照天地四方，以前知休咎，其家理地中人不得見。明昌太和中，北方兵動。渠父子，欲卜之。一日，先以旃幕障中庭，乃扃閉門戶甚嚴，乃掘鏡出。光耀爛然，一室盡明，如初日之照鏡中，見北來兵騎，穰穰無數，餘三方都無所覩。因大駭曰：不可不可，即埋之。姨母時伏床下……，得能指鏡處，存否則不知也，故予詩及之。」

三六〇、夏日沙漠錫器即熔

「耶律楚材西遊錄足本校注」，「自此而西，直抵黑色印度城……。盛夏，置錫器於沙漠中，尋即鎔鑠，馬糞隨地沸溢，月光射人如夏。」

三六一、驅蝗

庶齋老學叢談卷下：「東淮飛蝗，公（按：印習隱）令驅逐過江。或曰：朝廷恐有言語。公曰無慮。是日南北風大作，蝗皆入江矣，邦人至今神之。」

三六二、鐵鍋起泡生紅蟲

草木子卷一：「張子和醫者，著儒門事親書。言見民家一鐵鍋，底上起一鐵泡。鎚破，有一紅蟲，其走如飛，其嘴至硬，是金鐵中，亦有蟲也。」

三六三、火中生蟲

草木子卷一：「至於火中生蟲，則火鼠也。極南方有之，其毛皮以爲火浣布。而大南鷄亦食火。」

三六四、民謠兩則足以觀政

草木子卷四：「廉訪司官，分巡州縣，每歲例用巡尉司，弓兵旗幟金鼓迎送。其音節則，二聲鼓，一聲鑼。起解剎人強盜，亦用巡尉司金鼓，則用一聲鼓，一聲鑼。後來風紀之司，贓污狼籍，有輕薄子，爲詩嘲之曰：解賊一金并一鼓，迎官兩鼓一聲鑼。金鼓看來都一樣，官人與賊不爭多。及元之將亂，上下諸司，其濫愈甚，又有無名子，爲詩嘲之曰：丞相造假鈔。舍人作強盜，賈魯要開河，攬得天下鬧。於此觀之，民風國勢，於是乎可知矣！」

三六五、動物各有特慧物品各具殊用

草木子卷一「雉善聽，狼善視，狐善疑，駱駝善知泉，象善知地虛實。澣布以灰。濯錦以魚，洗金以鹽。」

三六六、斧鑿不脫

草木子卷一：「石決明，海中大螺也。生於南海崖石之上，海人泅水取之，乘其不知，用手一撈則得。苟其覺知，雖用斧鑿，亦不能脫矣！」

三六七、陰陽互缺

草木子卷一：「有雌而無雄，其名大腰龜鱉是也。有而無雌，細腰蜂蠆是也。」

三六八、鴿力智具佳

草木子卷一：「鷹鸇能博鴐鴈，而反受逐於鵪鴿。非力不及也，智不及也。崖鶻能博鶬鶩，而不能得飛鴿，非其飛不能及也，不能頡頏也，物皆以智相制，不獨以力也。」

三六九、蘆荻異狀而含字

草木子卷三：「壬辰間，江淮蘆荻，多爲旗鎗人馬之狀，節間折開，有紅暈成天下太平字。」

三七〇、凡樹皆泥

草木子卷三：「昔元戊寅年間，荆州分域，有鬼夜叫云：若也，苦幾時，泥到襄陽府。居人皆聞之，而不見其形。及早視之，凡樹木，不論大小，皆用泥和狗猪毛，離根一二尺，泥之至樹分枝處則止。又改叫云：苦也，苦幾時，泥到城都府。蓋古今未聞之異也。」

三七一、張成善走

稗史彙編卷之四十：「徐州有張成者，短小精悍，善疾走，日行五百里。若緩步，亦與人同。但造意遠行，則不可及。然既行，又不能自止，或著墻抱樹，乃可止耳。」

三七二、異象令人不解

草木子卷三：「丙午夏，平江路當午，天大雷雨。有一富家正廳，安置匡床，胡椅，圓爐，臺卓。廳旁一室，封鎖如故。雷震壁破一孔如盞大，其床椅爐卓，皆從此孔入，堆疊滿堂，人不解其異。」

三七三、二猴登舟獻果

草木子卷三：「庚申帝，幼年遠貶南服，舟氾清江，忽有二老猴，登舟獻菓而拜，及去，使人尾之，至山洞中，群猴凡四五百。上命近寺僧，每日設飯飼之。及癸酉還都登極，群猴相率拜送，餘猴數百皆去。忽其中大猴，死者三十六枚。當時皆惘然，莫知所以。」

三七四、紅雲若塔刻畫莫及

草木子卷三：「元京未陷，先一年當午，有紅雲一朵，宛如一西番塔，雖刻畫莫能及，凝然至晚方散。」

三七五、留詩以為識驗

草木子卷四：「姚牧菴學士，致政於家，年八十時，夏日沐浴，有侍妾在其側，公因私焉。公起，妾前拜曰：主公年老，賤妾倘有娠，家人必見疑，願賜識驗。公因捉其圍肚，題詩於上曰：八十年來遇此春，此春遇後更無春。縱然不得扶持力，也作墳前拜掃人。公薨後，此妾果有子，家人疑其外通，妾出詩遂解。當時士大夫，與其子交者，皆傳誦以爲笑。姚公名鏽，字希聲。」

三七六、紅蟲兆亡

草木子卷四：「初大元世祖，命劉太保築元京城。及開基，得一巨穴，有紅頭蟲，不知其幾萬。世祖以問劉曰：此何祥也。劉曰：異日亡天下者，乃此物也。」按：元亡於紅巾之亂，似驗。

三七七、暴軍以人為食

草木子卷三：「汝寧韓山童男，陷汴梁。僭稱帝，改韓爲姓，國號宋，改元龍鳳，分兵攻掠。其下有劉太保者，每陷一城，以人爲糧。食人既盡，復陷一處。故其所過，赤地千里。大抵山東河北山西兩淮，悉爲殘破。」

三七八、冢井之毒鷄毛可測

草木子卷四：「凡冢井間氣，秋夏中之殺人。先以鷄毛投之，直下無毒。迴舞而下，不可犯，當以酒數斗澆之方可入矣。」

三七九、鯢捕鳥奇技

草木子卷四：「鯢魚如鮎，四足長尾，能上樹。天旱，輒含水上山，如草葉覆身，張口，鳥來飲水，因吸食之聲，如小兒。峽中人食之，先縛於樹鞭之，身上白汗，出如構汁，去此方可食，不爾有毒。」

三八〇、狒狒血具奇用

草木子卷四：「狒狒飲其血，可以見鬼，力負千斤。笑則上吻掩額，狀如獼猴。作人言，如鳥聲，能知生死。血可染緋髮，可爲髮。」

三八一、百足蝌

草木子卷四：「菀國出百足蝌，長九尺。四螯煎爲膠，謂之螯膠，勝風喙膠也。」

三八二、蟜蛑

草木子卷四：「補蟜蛑大者，長尺餘。兩螯至強，八月能與虎鬬，虎不勝。隨大潮退殼，一退一長。」

三八三、虎鬚治牙痛

草木子卷四：「虎鬚治齒，齒痛，拔插齒即愈。虎殺人，能令屍起，自解衣，方食之。」

三八四、蘆枝口吐鈔

山居新話卷一：「松江府青村鹽場，有林清之者，後至元丁丑，空中有蘆口技在前，繼有鈔隨而飛之。村中見者，皆焚香，有乞降之意。竟墜於林清之之家，排置於神閣被板之上，其家迄今溫飽。」

三八五、友情不減古人

山居新話卷一：「孫子耕者，杭人，與新城豪民，駱長官爲友。元統間，駱犯罪，流尼嚕罕。孫以友故，送至肇州而回。交誼如此，誠不減古人。」

三八六、奇禁

山居新話卷三：「延祐間，都城有禁，不許倒提鷄者，犯者有罪。盖因仁皇，乙酉景命也。」「至元末年，尙有火禁。高彥敬克恭，爲浙省郎中，知杭民藉手業，以供衣食。禁火則小民屋狹，夜作點燈，必遮藏隱蔽而爲之。是以數致大患，甚非所宜。遂弛其禁，杭民賴以安。事與廉叔度，除成都火禁之意一也。余固書之，俾後人知公之德政，利人者如此。」

三八七、禿鶖滅蝗

山居新話卷二：「大德三年七月十八日，中書省奏准，禁捕禿鶖。蓋因揚州淮安管內，蝗蟲爲害。忽有禿鶖五千餘，恬不懼人，以翅打落蝗蟲，爭而食之。既飽，吐而再食，遂致清弭。迄今著於禁令，載之至正條格。」

三八八、銅像臍中出酒

誠齋雜記卷上：「真臘有石塔，塔中銅臥佛，臍中常有水流，味如中國酒，易醉人。」

三八九、解石現景如畫

山居新詔卷二：「至正七年，社稷署太祝張從善，都城巨室也。方四十致仕，嘗預營壽室，解石版爲穴門。忽有紋，成松石，雖繪畫者不如也。觀者塡門。因以爲碑，寘壙墻之中。翰林學士歐陽玄，侍講學士揭傒斯，皆爲壽松記，刻石以表瑞。」

三九〇、鯚奔

草木子卷四：「奔鯚，一名瀱，非魚非蛟。色如鮎，有兩乳在腹下，雌雄陰陽類人。頂上有孔通頭，氣出嚇嚇作聲，必大風。相傳懶婦所化，殺一頭，得膏三四斛，取之燒燈，照讀書紡織，輒暗。照歡樂之處，則明，即江豚也。」

三九一、鯉之奇

草木子卷四：「鯉脊中，鱗一道，每鱗，有小黑點，大小皆三十六鱗。唐制，取得鯉魚，即宜放，賣者杖六十。」

三九二、觀音石

山居新話卷一：「余家藏石子一塊，色青而質粗，大如鵝，彈形差匾。上天然有兜麈觀在焉，雖畫者亦莫能及。或加以磨洗，則精神愈出，誠瑞應也。」

三九三、謠言

輟耕錄卷九「謠言」：「後至元丁丑夏六月，民間謠言，朝廷將采童男女，以授韃靼爲奴婢，且俾父母護送，抵直北交割。故自中原，至江之南，府縣村落，凡品官庶人家，但有男女年十二三以上，便爲婚嫁。六禮既無，片言即合。至於巨室，有不待車輿親迎，輒徒步以往者。蓋惴惴焉，唯恐使命戾止，不可逃也。雖守土官吏，與夫韃靼色目之人，亦如之，竟莫能曉，經十餘日纔息。自後有貴賤貧富，長幼妍醜，匹配之不齊者，各生悔怨。或夫棄其妻，或妻憎其夫，或訟於官，或死於夭。此亦天下之大變，從未之聞也。吳中僧祖伯，號子庭者，素稱滑稽，口占絕句曰：一封丹詔未爲真，三杯淡酒便成親。夜來明月樓頭照，惟有姮娥不嫁人。」

三九四、銀光可助探礦

草木子卷四：「山發白銀，亦有光。即其光而求，多見礦脈。」

三九五、世上最大之紅寶石

馬哥孛羅遊記：「這裏講錫蘭島」：「國王有世界上，最美麗的紅寶石……，有一掌長，像手臂一樣厚……。大可汗曾派專使來見這國王，告訴他，想買這塊紅寶石……，願以一城的價值償還給他……。」

三九六、小猴變矮人

馬哥孛羅遊記「這裏講帕斯曼王國」：「一些旅行者所說，由印度帶來的矮人……，是在這島上製造出來的……。島上有一種很小的猴子，臉很像人。他們就拿這種猴子，敷上一種藥膏，將他所有的毛都去掉，只剩生殖器周圍不去……。他們的腳手……，把他們拉開成形……，直等他們看起來像人爲止。」

三九七、過癩

癸辛雜識後集「過癩」：「閩中有所謂過癩者，蓋女子多有此疾。凡覺面色如桃花，即此證之發見也。或男子不知，而誤與合，即男染其疾而女瘥。土人既知其說，則多方詭作，以誤往來之客。杭人有嵇供申者，因往莆田，道中遇女子獨行，頗有姿色，問所自來。乃這爲父母所逐，無所歸。因同至邸中，至夜，甫與交際，而其家聲言捕姦，遂急竄而免。及歸，遂苦此疾，至於墜耳塔鼻，斷手足而殂，癩即大風疾也。」

三九八、湖翻

癸辛雜識續集卷上「湖翻」：「庚寅五月，連雨四十日，浙西之田，盡沒無遺，農家謂：尤甚於丁亥歲。雖景定辛酉，亦所不及也。幸而不沒者，則大風駕湖而來，田廬頃刻而盡，村落名之曰湖翻。農人皆相與結隊，往淮南趁食。於太湖買舟百十餘，所載數千人同往，甫至湖心，大風驟至悉就溺死。又有千餘人，渡揚子江濟者，亦沈於江。」

三九九、巨鰍長十餘丈

癸辛雜識續集卷上「海鰍兆火」、「壬午歲，忽有海鰍，長十餘丈，閣於浙江潮沙之上。惡少年，皆以梯升其背，臠割而食之。未幾大火，人以爲此鰍之示妖，其說無根。辛卯歲十二月二十二三，又有海鰍，復大於前者，死於浙江亭之沙上。於是鬨傳，將有大火災。越二日，二十四日之後，火作於天井巷，回回大師家，行省開元宮，盡在煨燼中，凡毀數千家。然則溢傳，有時可信也。」

四〇〇、連體孿生貌如獰鬼

癸辛雜識續集卷上「全氏孿鬼」、「壬辰四月二十日，全霖卿子用之妻史氏誕子，先出雙足，足類鷄鵝。乳醫知其異，推上之。須臾，別下雙足，繼而腸亦併下，乃孿子也。皆男子，而頭相抵，髮相結，其貌如獰鬼，遂扼殺之，母亦隨殂。」

四〇一、天雨塵土

癸辛雜識續集卷上「天雨塵土」：「辛卯三月初六日甲辰，黃霧四塞，天雨塵土，入人鼻皆辛酸。几案瓦壠間，如篩灰。相去丈餘，不可相覩。日輪如未磨鏡，翳翳無光采，凡兩日夜。」

四〇二、龍畏火神

癸辛雜識續集卷下「龍畏火神」：「乙未歲五月，宜興近湖之地，忽有龍交鬬，俱墜於湖，其長無際。頃刻大風，駕水高丈餘而至。即有火塊，大如十間屋者十餘，自天而墜，二龍即上升。蓋天恐其爲禍，驅火神逐之，使少緩須臾，則百里之內，皆巨壑矣。余向者，舟經德清之桃園，其稻田皆焦黑，凡數十畝。遂艤舟問其里人云：昨日有大龍自天而墜下，隨即爲地火所燒而飛去，蓋龍之所畏者火耳。」

四〇三、種羊

使西記：「壠種羊，出西海。以羊臍種土中，漑以水，聞雷而生臍，臍系地中。及長，驚以木，臍斷，便行齧草。至秋可食，臍內復有種。」

欒郊私語：「大漠迤西，俗能種羊。凡屠羊，用其皮肉，惟留骨。以初冬未日，埋着土中。至春陽季月上未日，爲吹笳咒語，有子羊從土中出。凡埋骨一具，可得子羊數隻。蓋四生胎外之化也，亦不足怪。特非中國所有，致生疑耳。」

四〇四、角端

元文類卷五十七「中書令耶律公神道碑」：「行次東印度國鐵門關，侍衛者見一獸，鹿形馬尾，綠色而獨角，能爲人言曰：汝君宜早迴，上恠而問公，公曰：此獸名角端，日行一萬八千里，解四夷語，是惡殺之象。蓋上天遣之，以告陛下。願承天心，宥此數國人命。實陛下無疆之福，上即日下詔班師。」

庶齋老學叢談卷上：「耶律柳溪詩集云……，昔我聖祖皇帝，出師問罪西域，辛巳歲，駐蹕鐵門關。先祖中書令奏云：五月二十晚，近侍人登山見異獸。二目如炬，鱗身五色，頂有一角，能人言，此角端也。當於見所，備禮祭之。仍依所言，卜之爲吉。此天降神物，預言吉徵也。」

輟耕錄卷五「角端」：「太祖皇帝，駐蹕西印度，忽有大獸，其高數十丈，一角如犀牛，然能作人語云：此非帝世界，宜速還，左右皆震懾。獨耶律文正王進曰，此名角端，乃旄星之精也。聖人在位，則斯獸奉書而至，且能日馳萬八千里，靈如鬼神，不可犯也，帝即回馭。」按：三者說法不一，故並陳之。

四〇五、一地七名

開平，大都（元史卷五十八，地理一、大都路），上京（金臺集卷二、寄上京塗貞），北都（待制集卷十六、上京紀行詩序、以國子助教，分教北都生），灤京（灤京雜詠），灤都（可閒老人集卷二、輦下曲、祖宗詐馬宴灤都），灤陽（純白齋類稿卷十四，灤陽雜詠十首）。

四〇六、裕宗口啞

草木子卷四：「世祖生子口啞，即裕宗。及壯，當有室，使其游都市，使擇其意之所可爲妻者，獨指一屠人婦，世祖即娶之，迺妲吉妃子也，腹生二帝。」按：草木子所言，與元史卷一百十五「裕宗」，卷一百十六「裕宗徽仁裕聖皇后」所載，大相逕庭，未知其本爲何。

四〇七、斡耳朵

草木子卷三：「元君立，另設一帳房，極金碧之盛，名爲斡耳朵。及崩，即架閣起。新君立，復自作斡耳朵。」

元代蒙古文化論叢「元代蒙人生活之轉變」：「或在成吉思汗之時，即已有金帳。帳極寬廣，可容千人。外施白氈，內以黃金抽絲，與彩色絲線，所織成之納石失，元史通稱爲金織，金錦爲衣。柱與閾，皆以金裹，釘以金釘。因金裹，故稱金帳。以金色黃，故又稱昔剌斡爾朵。復因乃帝王所居，故以行宮，行殿，幄殿稱之。及世祖之世，則外覆獅皮，內以金錦爲衣。復飾以銀鼠、黑貂之皮。柱用香木，精雕粉金，並用千百彩色絲繩維之。不僅金碧輝煌，且價值連城。降至後世，則尤爲巨大，深廣竟容數千人。」

四〇八、死同棺

梧溪集卷二「張春兒有引」：「春兒葉縣軍士，李青妻也。至正戊子，青病革時，年甫二十。青曰：吾殆矣，汝善事後人。張截髮示信曰：妾生寒門，頗曉夫妻大義。萬一不諱，惟有死耳。青卒，哭之垢面流血，且諭匠者，造大棺，將盡納其衣服劍器，匠如其旨。既斂張，自縊庭樹下，閭里遂同葬之。有司上於省，旌其墓，復其家。」

四〇九、氣吞山河

廣百川學海「在田錄」：「高祖游食四方時，嘗露宿野中，作詩自述云：「天爲羅帳地爲氈，日月星辰伴我眠。鞠躬不敢高伸腳，恐踏山河社稷穿。」「高皇生于元天曆戊辰歲，至皇祖死時，年十有七歲矣。又十年，方起兵滁和，時至正甲午（按：十四年），年已二十七歲矣。」

廣百川學海「一統肇基錄」：「壬寅春（按：至正二十二年），兵至彭蠡湖，南昌降……。上微行入南昌城，游能仁上藍禪院。院廣大美麗，爲南昌諸寺之冠。上周游細玩，旁若無人。僧扣其姓名，上不答，僧固扣之。上命取筆來，題于殿壁云：殺盡江南百萬兵，腰中寶劍血流腥。野僧不識山河主，只個滔滔問姓名。擲筆徑出。明日以兵圍其寺，一寺三十餘僧，相聚啼泣。有一雲遊僧笑曰：不用哭，不用哭，我有一計，可解其難。乃磨去上所題詩，更題曰：御筆題詩不可留，留時唯恐鬼神愁。常將法水頻頻洗，猶有毫光射斗牛。上至殿問之，問誰所題，此僧曰：是小臣所言。上曰：寺有如此僧，何故不識好人。僧曰：正是有眼不識泰山。陛下至人，宜非常人所識也。上笑而遣之，遂赦一寺僧得不死，今改院為永寧寺。」

四一〇、佳兆起兵

廣百川學海「一統肇基錄」：「至正十四年甲午，帝夢江東有一木，與天相齊。又見紅日中，赤城紫闕，宮殿崔嵬。中於一幅金字帛，下有二句云：翱翔太平，美齊中華。鈎畫分明，恍若白書。帝覺，甚以為異，私自喜之，就于是歲起兵。」

四一一、馬知水源

廣百川學海「逐鹿記」：「李文忠北征患渴，忽所乘馬，以足跑地，泉隨湧出，三軍賴之，乃為文殺牲以祭之。」按「一統肇基錄」：「二年李文忠征迤北，三年克應昌，獲（元）皇孫買的里八剌……。十一月師還至龍江，車駕出勞於江上。」

四一二、禱天脫危

廣百川學海「一統肇基錄」：「癸卯秋八月，遇友諒于彭蠡湖之康郎山……，陳軍大敗，退休谿山。我師控湖口，旬有五日。友諒食乏，出江求戰……。與酣戰，自辰至未不解。上所乘舟，膠於沙不動，上拔劍斬鬃索，仰天言曰：如我有天下分，舟當得脫索。忽如龍形，扶舟而出。及陳氏平，上立廟致祭，封為鬃三爺爺。至今過彭蠡湖者，立鬃三爺爺，則風浪無阻。」

四一三、死當留名

廣百川學海「逐鹿記」：「元宮人至京師，將籍之，以給令後宮。有一人不屈，上言：爾即守節，何不死於元亡時。此女對曰，願明一言而死，以為有名鬼耳。上令左右，以紙筆與之，女寫云：君王慧性被奸迷，妾曾三諫觸闈墀。不能死守身先遁，致令鐘移社稷墟。擲筆投地而死，上為之改容。」

四一四、計誅陳友諒

廣百川學海「一統肇基錄」：「上與陳氏戰，雌雄未決，問劉基……。基意友諒，以銅將軍（按：炮）害帝。乃為計，遇之擊。游龍九蓋於巨艦，傍曳日月之旗。基與帝對奕其下，坐帝於近倉。諒軍見之大悅，遂舉銅將軍，基知將發，以奕案推帝於倉中。將軍及船椅案纖碎，而帝得無傷。諒知帝必死，啓牕視之，為我軍郭子興射一矢，貫其頭顱而斃。其子理，結陳奔武昌。」

四一五、劉伯溫奇遇二則

廣百川學海「龍興慈記」：「青田山中有異，劉伯溫隱居時，日對之坐。山忽開石門，進入，見石壁上有字曰，山爲基開。取石擊之，石門又開。進入內，有道士枕書卧，遂取書看，乃兵書也。曰：明日能熟之，吾當授汝。明日果熟，遂授以兵法。」「少時讀書寺中，僧房有一異人，每出神去，鎖門或一月半。偶有北來使，客無房可宿。見此空房，擊開之曰：此人死矣，可速焚瘞，我住之。僧不能禁，遂焚之。其人神返，身已焚，無復可生，每夜叫呼曰：我在何處。基知之，開牕應曰，我在此，神即附之。聰明增前數倍，天文兵法，一覽洞悟翊運，爲謀臣之冠也。」

四一六、繪兒能啼

重刊湖海新聞夷堅續志「繪兒能啼」：「毛繪，遂昌人，善畫入神。常至曾山廣仁院，其徒不之禮。入佛殿畫一婦人，乳小兒於壁角而出。遇夜有兒啼聲，怪之。一日繪至，僧語及，繪笑曰：若欲絕之甚易，乃啼乳入口，自此啼聲遂止。」

四一七、桃生蠱毒

重刊湖海新聞夷堅續志「桃生蠱毒」：「廣南桃生，殺人以魚肉。延客對之行厭勝之法，魚肉能反生於人腹中，而人以死。相傳人死，陰役於其家。中有一名士，嘗為雷州推官，親勘此事。置肉盤，以死囚作法，以驗其術。有頃，發現肉果生毛，何物淫鬼，乃能爾也。然解之亦易，但覺有物在胸臆間，則急服生麻以吐之。覺在腹中，急服鬱金以下之。此雷州印施，蓋得之囚也。」

四一八、貓母生孩

重刊湖海新聞夷堅續志「至元壬午，麗水縣浮雲鄉，徐汝賢有貓懷胎，產三子，其一手足面目皆人形，亦作人聲。其妻季氏，語之阿姑，猶未信，暨攜以視之，姑以為怪，非吉兆也。亟令妮箠殺之，埋於後園。越三日，姑至後園埋處，不疾而死。」

四一九、雷擊不孝

重刊湖海新聞夷堅續志「雷擊不孝」：「溫之吳公口，有二惡少，謀欲生事，尚各有母。欲假手於同謀者，互殺其母，而後舉事。其主謀者，陳五四者，正在練店內烹飪，尚未得食，立於竈後。有牧童王正，忽見丈身之人，携錦皮簿書入門。恍惚間，先携小童出門外。霹靂一聲，五四頭巾穿破，頭頂上一竅穿透，靠壁而死。」

四二〇、石内鷄鳴

重刊湖海新聞夷堅續志「石內鷄鳴」：「分寧陳志甫，有莊在地，名山田莊。有石塊方二尺許，佃氓時以爲挹藁業，屨之用。適陳至，宿其家。更盡，陳步月，忽聞鷄鳴，遠視之，一鷄在石上。即而視之，無所有。陳疑之，令人移數步外，次宿驗其有無，則其鳴如故。後揭以歸，每當月夜中，鷄必鳴。獨其子公允者不信，以爲頑石，剖視之，中有鷄，一雌一雄，文采燦然，可怪也。」

四二一、志怪

輟耕錄卷七「志怪」：「至正乙未正月二十三日，日入時，平江在城，忽望東南方，軍聲漸近，……彷彿皆類人馬，而前後火光，若燈燭者，莫知其算，迤邐由西北方而沒。惟葑門至齊門居民，屋脊龍腰悉揭去，屋內床榻屏風俱仆，醋坊橋董家雜物鋪，失白米十餘石，醬一缸，不知置之何地。此等怪事，竟不可明。」

四二二、山水如畫

元明事類鈔卷二「山水如畫」：「宋濂集，波斯人來閩，相古墓有寶氣，以錢數萬，市而發之。見骨俱潰，惟心堅如石。鋸開觀之，有佳山水，青碧如畫。傍有一女，靚粧凝睇。蓋此女有愛山水癖，朝夕玩望，故能融結如此。」

四二三、盲者異能

癸辛雜識續集卷上「醫術」：「又有張五星，亦瞽而慧。善辨寶玉，此猶是暗中摸索。至於能別婦女妍醜，聞其謦欬，扣問數語，即知其人，美惡情性。趙信國丞相，專俾置姬妾并玉器云。」

四二四、石洞雷火

癸辛雜識續集卷下「石洞雷火」：「費溹堂伯恭云，重慶受圍之際，城外一山極險絕，有洞，洞口僅容一人，而其間可受數百人。於是眾競趨之，復以土石窒其穴。時方初夏，一日忽天雷雨，火光穿透洞中，飛走不定。其間有老者云：此必洞中之人，有雷霆死者。遂取人之巾，以竹各懸之洞外。忽覩雷神於內，取一巾而去。眾遂擁失巾之人，出之洞外。即有神物，挾之而去。至百餘步外，仆於田中。其人如癡似醉，莫知所以。然及雷雨息，復往洞中問之。但見山崩壞，洞中之人，皆被壓死，無一人得免禍者，惟此失巾之人護存耳。」

四二五、海人魚

誠齋雜記卷上：「海人魚，狀如人，眉目口鼻手足，皆爲美麗女子，無不俱足。皮肉白如玉，灌少酒，便如桃花。髮如馬尾，長五六尺，陰形與丈夫女子無異。臨海鰥寡居多，取養池沼。交合之際，小不異人。」

四二六、巨蛇吐珠

重刊湖海新聞夷堅續志「巨蛇吐珠」：「欽州村婦黃氏禾屋內，夜有光芒現，人甚訝之。一日黃婦取禾晒曝，見禾中有一巨蛇蟠屈，於彼口中，吐一圓物，光耀奪目。蛇躍而出，婦拾而視之，乃一珠，懷而歸之。是夜，滿室光耀，鄰右以此事首官，官追索稍緊，其婦驚懼，以珠於甑蒸過，遂晦而不明。後遇識者乃曰：此蛇珠也，若不蒸過，則值無限矣。」

四二七、肉有綦針

重刊湖海新聞夷堅續志「肉有綦針」：「昔處士蒯亮，言其所知。額角患瘤，醫為剖之，得一黑石棋子，巨斧擊之，終不能破。復有足脛生瘤者，因至親戚處，為獰犬所齕，正嚙其瘤，其中得針百餘枚，皆可用，疾亦愈。」

四二八、楊女猪身

重刊湖海新聞夷堅續志「楊女猪身」：「濟寧府肥城縣街北，楊家有女三姐，顏色甚美，善歌唱。手足俱猪形，不能行步。每用腳挾梳，綰髮恢頭喫飯，皆不令人見。無與為偶，其兄楊大郎，遂從生男春兒，女連兒。即今男死女在。此婦八十餘歲，客官每至，隱而不出，百計求一識甚難，至元甲午年方沒。」

四二九、鱠飛蝴蝶

重刊湖海新聞夷堅續志「鱠飛蝴蝶」：「昔有南孝廉，好食魚鱠。尤善修事，能切如縠薄絲縷，吹之可起。操刀響捷，若合節奏。一日會客酒酣，取一大魚，當筵切鱠，欲衒其能。忽暴風雨，雷震一聲，所切之鱠，悉化為蝴蝶，滿筵飛舞而去。坐客俱驚駭，南自是折刀，誓不復食。」

四三〇、石鷹竊米

重刊湖海新聞夷堅續志「石鷹竊米」、「潮潭梅下江畔，有石高數十丈，大如之。其形類鷹喙插水，翼如墜而將斂，其勢甚雄。舟人不肯艤其下，曰有怪物。一年州倉失米，被誣者三四十人。遂命道士行法考召，方知爲此鷹竊銜去。掘之石下，果得其米數十餘石。」

四三一、嵇侍中致謝

硯北雜誌卷上：「趙子昂學士言，嵇侍中廟，在湯陰縣西門外二里。延祐元年，十一月十九日，彰德朱長孺，道邦人之意，求書晉嵇侍中之廟六字。趙每敬其忠節，不辭而書之。運筆如飛，若有神助。是夜京口石民瞻，館於書室中。夢一丈夫，晉人衣冠，蓬首元衣，血流被面，謂民瞻曰：我嵇侍中，今趙子昂，爲余書廟額，故來謝之，言訖而去，有聲甚遠。民瞻既覺，猶汗流，亦異夢也。」

四三二、諺語成讖

硯北雜誌卷下「長蘆之下，御河西岸，地名黃邱。有大墓，正光中，魏故前刺史莊公高君之碑。會通未鑿之前，海道未通，諺云：水打黃邱墓，運糧到大都，果然亦爲讖。」

四三三、意外之財

癸辛雜識續集卷下「張氏銀窖」：「張府主奉，位酒庫屋，其左則蒙古平章之居。一日蒙古欲展地丈餘，主奉者，不獲已與之。彼方毀舊垣，再築於舊基，得烏銀數十大笏，皆奄有之，蓋張氏之宿藏也。」

四三四、瞽者善記二奇

癸辛雜識續集卷上「醫術」：「永嘉陳獨步，瞽而善記。每有客人自外來，聞其聲，即知其爲何人也。誦言一別今幾何歲矣。台庚乃某年某月日時者乎，略無一差。吾鄉張神鑑，亦瞽而善記。胸中所儲，無慮數萬。每談一命，則旁引同庚者數十，皆歷歷可聽。」

四三五、石龜能行

重刊湖海新聞夷堅續集「石龜能行」：「處州設廳，側有一石古碑，亦不知紀載何人善政，字亦浸滅。碑下有石龜，每夜出遊。官吏奇之，祭以邀福，無不驗者。由是禱祈無寧日，名之曰靈龜大王。續有太守來，以爲怪，非惟不祭，且投之水。居不遑安，吏民再扶起而祭之，因此護福。後遇異人，知其爲怪，碎之，而怪方息。」

四三六、畸形猪

重刊湖海新聞夷堅續志「人面猪形」：「至元庚辰，處州龍泉縣東，楊六四家，猪母生七子。其一猪身人面，眼相如鳳，下頷長而彎腫，其口鼻不能食乳，怪狀可畏，踰日而斃。」

四三七、蘇山石像

重刊湖海新聞夷堅續集「蘇山石像」：「湖南有仙，姓蘇名躭山，號蘇，乃其飛升之所。山中多石人，取以水淋鋸，界破其像，有桃有塔，有觀音彌勒，寒山拾得像，甚至有天下蘇山四字。不知造化，何爲而融結哉。」

四三八、天降金梭

城齋雜記卷上：「蘇州丁氏女，精于女紅。每七夕，禱以酒果，忽見流星墜筵中。明白瓜上有金梭，自是巧思益進。」

四三九、樹不敢伐井不敢汲

北軒筆記：「宣城驛，有楚昭王廟，喬木萬株，多不知其名，歷代不敢翦伐。每年十月，民相率聚祭。廟後山城，即王居也。其地獨高廣，圍八九十畝，號殿城，其磚可爲書硯。驛前有井，亦云起昭王時，每有靈異，人莫敢汲。豈以雲不移禱，河非獲罪，而能於赫至今邪。」

四四〇、石兔

元明事類鈔卷二「暖妹繇筆，福清化南里童子，入石洞，見石無故自動，鑿開得一白兔，走數步，即化爲石。」

四四一、嗜殺

庚申外史卷下：「自至元改元以來，權臣赫赫跋扈，有重名者，皆死於其手。前後至殺一品大官者，凡五百餘人，皆出於指顧之間，而未嘗有悔殺之意。」

四四二、幻術

重刊湖海新聞夷堅續志「術化月宮」：「吉郡仕宦子弟，遇道士與云：可與我杯酒，今夜與爾去游月宮。子弟問云：月宮在何處，曰在舊市燈後。潛與同往，則儼然桂殿，嫦娥，兔擣藥，蟾吐光，且飲一觥而出。子弟識其處，而道人辭去。明日重來，乃一酒食店。天井內，有樹則桂也。少年婦人居其間，則嫦娥也。人擂薑椒，則兔擣藥也。犬臥竈傍，則蟾吐光也。因知道人，乃幻術以化人眼耳。」

四四三、屍隨樂舞

重刊湖海新聞夷堅續志「死屍鼓舞」：「河東有一村民，妻新死未殮。日暮，其家忽覺有樂聲漸近。至庭宇，屍亦微動。少焉，樂聲入房，如在梁棟間，屍遂起舞。樂聲漸出，屍倒旋出門，隨樂而去，其家人驚懼，時月黑不敢尋逐。將夜，村民方歸知之，乃持杖逐至一墓林，約五六里。復聞樂聲，在一柏林上。及近樹之下，有火熒熒然，屍方舞矣。村民持杖擊屍倒地，樂聲已往，逐負屍而返。」

四四四、天壽父解母渴

元詩紀事卷一「榕陰新檢」：「元王薦，字希賢，福寧人。父疾，禱天減年，以益父壽。父絕而復甦曰：適有神人，皂衣紅帊，語我曰：汝子孝，上帝賜汝十二齡，後果符其數而卒。母沈氏，病渴思啖瓜。時冬月不得，薦至深墺嶺，值雪避樹下，思母病，仰天而哭。忽見石岩間，青蔓離披，有二瓜，摘歸奉母，渴遂止。至正間，福建宣慰司，上狀旌之。」

四四五、葉黑紋類符篆

峴北雜誌卷下：「峽州黃牛廟後，欝木似冬青，落葉黑，文類符篆不同。」

四四六、古硯奇景

北軒筆記：「南陽僧靜如，得一古硯，置案頭，把玩間。忽堂下一甲士，長三四寸，升階，依案宣言曰：吾欲觀漁於端溪，僧其避之。隨有漁人六七輩，長如甲士，撒網於硯池。一將軍長五寸許，與左右三十餘，升硯指揮。頃時網起，獲魚數頭，遽命厨人促膳。將軍指僧，謂左右曰：此亦可烹，以益魚席。靜如怒而大喝，即滅無有。俄有甲士，擁之以去。倏忽入一宮，見前將軍坐而怒曰：何物大膽，乃敢驚余，其置之死。時宮中火起，僧因得逸。」

四四七、玉珠報

古今譚概「珠玉報」：「貴州廉使孔公，苦節自勵。土宮以明珠寶玉來獻，公悉堂上椎碎之，遂爲土宮下火蟲。行抵浙江，火自口出，高數丈而卒。」

四四八、石梅

裨史彙編卷之九「石梅」：「石梅生海中，一藂數枚，横斜瘦硬，形如真枯梅也。雖巧工造作，所不能及。根所著如履，或云本是木質，爲海水所化，如石蟹石蝦之類。」

四四九、鬼火怪異

裨史彙編卷之五「鬼火怪異」：「張南軒在淮上，宿一小寺中。夜聞小鷄聲，以數萬計。起視之，見燈明滿地。問之寺僧云：此舊戰場也，遇天氣陰晦，則有此。蓋人死于兵革，而氣不散。則因陰陽蒸薄而有聲，且發爲光恠耳。自爲聲爲燈，人固無預也。」

四五〇、火山神異二則

裨史彙編卷之五「火山神異」：「悟州火山，在府城南，隔江二里。山上有火，每三五夜一見，如野燒之狀。或言，其水下有寶珠，光燭於上。或言南越王佗，藏神劍于山河，故深夜騰焰如火，山有祥光亭。又山中產物名靈麢，有三足。郡中有災福，或使車將至則先鳴。」「南荒之外，有火山，長三十里，廣五十里，其中皆生不燼之木，晝夜火燒，雖暴風猛雨不滅。火中有鼠，重數斤，毛長二尺餘，細如絲，可以作布。常居火中，色洞赤時，時外出，而色白，以水逐而沃之即死，績其毛以爲浣火布。」

四五一、肉芝狀如小兒手臂

稗史彙編卷之一百七十三「肉芝」：「長洲漕湖之濱，有農婦治田，見湖灘一物白如雪，趨視之，乃小兒手也。連臂約長尺，首其下，作聲喞喞，驚走報其夫。其夫往看亦疑，輕掘之，其根不可窮，乃折而棄之湖，此正肉芝也。」

四五二、金蠶可富人能殺人

稗史彙編卷之一百六十「嫁金蠶」：「南方人畜金蠶，蠶金色，食以蜀錦，取其遺糞，飲食中以毒人，人死。蠶善能致他財，使人暴富。而遣之極難，水火刀兵，所不能害，必多以金銀，置蠶具中，投之路，隅人或收之，蠶隨以往，謂之嫁金蠶。」

四五三、鳥助築墓

城齋雜記卷上：「李陶，交趾人，母終，陶居于墓側，躬自治墓，不受隣人助，群鳥啣塊，助成墓。」

四五四、一胎十子

城齋雜記卷下：「有婦人名沙壹，居于牢山。捕魚水中，觸沈木若有感，因懷孕，產十子。後沈木化爲龍出水，九子驚走，一子不能去，背龍而坐，龍因㖿（按、舐）之。其母鳥語，謂背爲九，謂坐爲隆，因名爲九隆。及長，諸兄遂相共推，九隆爲王。後牢山下，有一夫一婦，生十女，九隆皆以爲妻，遂因孳育。皆畫身象龍，紋衣，皆有尾。九隆死，世世不與中國通。」

四五五、石馬飲河

奇聞類紀卷之二「石馬飲河」：「姑蘇閶闔門內二里，夜有二石馬飲于河。天曙，爲負芻者驚見叱之，遂昂首而止。是曉，遍訪市野，城東禪法寺，有一妙善公主墓，已失二石馬矣。地人懼其後爲怪，損其額，遂墮於此。今名石馬鞍頭，此元末國初之事也。」

四五六、測微知貴

奇聞類紀卷之二「長鬚道士測微知貴」：「至正間，仁祖淳皇帝，一日坐東屋簷下，太祖侍側。有一道士，長鬚朱衣，排闥直入，遽揖仁祖曰：好箇公公，八十三當大貴。仁祖異之，留之茶飯，不顧而去。太祖即位，加進尊號，適符其言。於乎帝王之父，豈無異相。又寧知道士，非仙而特前告耶。」

四五七、預知敵砲碎舟

奇聞類紀卷之二「劉伯溫前知敵砲碎舟」：「太祖親征陳友諒，大戰於鄱陽湖。與劉伯溫皆在御舟，以觀將卒搏戰。伯溫忽躍起大呼，太祖亦驚起，疑其作亂。見伯溫雙手麾之，連聲呼曰：難星過，急更舟。坐未半餉，舊舟已為敵砲擊碎矣。及勝負未決，伯溫密言于太祖曰：可移軍湖口，期以金木相尅日決勝，太祖從之，遂乎陳氏。」

四五八、漢禽拒入蠻夷

譾言長語：「瀘南有畜秦吉了者，能作人言，夷酋欲以錢十萬買之。其人告以貧，欲賣之。秦知了曰：我漢禽也，不願入蠻夷山，不食而死。」

四五九、虎咬人部位因時而異

譾言長語：「余少遊松江千山，宿李昂郎中舍，近山有虎，啖一人，時二十一日。

予問之，咬何處，云咬下腿。十五六時，讀洗寃錄云：虎之咬人，如貓之咬鼠。初一至十五，咬上身。十六至月終，咬下身，果然。俗云：千聞不如一見，信然。」

四六〇、二鳥捕魚閒忙互歧

讕言長語：「瀛之水上有二鳥，一類鵠，色正蒼而喙長，凝立水際不動，魚過其下則取之。終日無魚，終不易地，其名曰信天緣。一類鶩，奔走水上，不問水腐泥沙，必啑啑然，必盡索之而後已，無一少息，其名曰謾畫。信天緣若無能者，乃與謾畫，均度一日無飢色，視謾畫加壯大。」

四六一、十歲白翦字

秋澗集卷三「牛升哥詩并序」：「深州靖安故城，牛氏子升哥，年方十歲，能白翦諸字，試之誠然。點畫波撇，甚有可觀者。其父來求詩，因筆賦此，七月八日。」「人生有至性……，智巧出百端。阿升甫齠齔，能用金翦刀……。字形雖百態，裁成思無勞……。我因囑乃父，宜令筆墨操。學焉苟不輟，會見爲書豪。」

四六二、賢烈

輟耕錄卷四「賢烈」、「戴石屏先生復古，未遇時，流寓江右。武寧有富家翁，愛其才，以女妻之。居二三年，忽作歸計。妻問其故，告以曾娶妻。妻白之父，父怒。妻宛曲解釋，盡以奩具贈夫，仍餞以詞云：惜多才，憐薄命，無計可留汝。揉碎花牋，忍寫斷腸句。道傍楊柳依依，千絲萬縷，抵不住一分愁緒。捉月盟言，不是夢中語後。回君若重來，不相忘處，把杯酒澆奴墳上。夫既別，遂赴水死，可謂賢烈也矣。」

四六二、鬼贓

輟耕錄卷六「鬼贓」：「陝西某縣，一老嫗者，住村莊間，日有道流乞食，與之無吝色。忽問曰：汝家得無爲妖異所苦乎，嫗曰然。曰我爲汝除之，即命取火，焚囊中符篆。頃之，聞他所，有震霆聲。曰妖已誅殛，纔逅其一。廿年後，汝家當有難，今以鐵簡授汝，至時亟投諸火，言訖而去。自是久之，嫗之女，長而且美。一日有曰大王者，騎從甚都，借宿嫗家。遣左右謂曰：聞嘗得異人鐵簡，可出示否。蓋嫗平日，數爲他人借觀，因造一僞物，而以真者懸腰間不置也。遂用僞獻，留不還曰：可呼汝女行酒，以疾辭。大王怒，便欲爲姦意。嫗竊思道流之說，計算歲數亦合，乃解所佩鐵簡，投酒竈火內。既而電掣雷轟，煙火滿室，須臾平息。擊死獼猴數十，其一最鉅，疑即向之逃者，所賫隨行器用，悉係金銀寶玉。赴告有司，籍入官庫。台哈布哈元帥，爲西臺御史日，閱其案，朱語曰鬼贓云。余聞公說甚詳，且有鈔具案文。惜不隨即記錄，則忘邑里姓名歲月矣。」

四六四、飛雲渡

輟耕錄卷八「飛雲渡」：「飛雲渡，風浪甚惡，每有覆舟之患。有一少年子，放縱不羈。嘗以所生年月日時，就日者，問平生富貧壽夭。有告曰：汝之壽，莫能踰三旬。及徧叩他日者，言亦多同。於是，意謂非久於人世。乃不娶妻，不事生產作業，每以輕財仗義爲志。嘗候船渡，傍見一丫鬟女子徘徊，悲戚若將赴水。少年亟止之，問曰何爲輕生如此。答曰我本人家小婢，主人有姻事，暫借親眷，珠子耳環一雙，直鈔三十餘定，今日送還，竟於中途失去，寧死耳，焉敢歸。少年曰我適拾得，但不審果是汝物否。方再三磨問，顆數裝束，實是。遂同造主人，主人感謝，欲贈以禮，辭不受。既而主人怒此婢，遣嫁業梳剃者，所居去渡所咫尺間。期歲，少年與同行二十有人，將過渡，道遇一婦人，拜且謝，視之，乃失環女也。因告其故於夫，屈留午飯，餘人先登舟，俄風濤大作，皆葬魚腹。蓋少年能救人一命，而造物者，亦救其一命以答之。後少年以壽終，渡在溫之瑞安。」

四六五、奉母避難

輟耕錄卷十二「奉母避難」：「泰州袁氏兄弟二人，同居養母。至正壬辰，紅巾壓境，兄弟負母逃避。至中途，兄念妻子不置，辭母歸。惟弟與母，借居田舍。後城陷，其一房，盡遭殺戮，獨弟之妻子獲免。乘間奔避，適夫婦父子相會，時傳爲孝行所感。」

四六六、禽戲一

輟耕錄卷二十二「禽戲」：「余在杭州日，嘗見一弄百禽者，蓄龜七枚，大小凡七等。置龜几上，擊鼓以使之。則第一等大者，先至几心伏定。第二第者，從而登其背。直至第七等，登第六等之背。乃竪身直伸其尾向上，宛如小塔狀，謂之烏龜疊塔。」

四六七、鎖鎖

輟耕錄卷二十三「鎖鎖」：「回紇野馬川，有木曰鎖鎖。燒之以火，經年不滅，且不作灰。彼處女取根製帽，入火不焚，如火鼠布云。」

四六八、虎禍

輟耕錄卷二十二「虎禍」：「大德間，荆南境內，有九人山行，值雨避於路傍舊土洞中。忽有一虎來踞洞口，哮咆怒視，目光射人。內有一人素愚，八人者密議，虎若不得人，惡得去。因紿愚者先出，我輩共掩殺之。愚者意未決，各解一衣，縛作人形，擲而出之。虎愈怒，八人併力，排愚者於外，虎即銜置洞口，怒視如前。須臾土洞壓塌，八人皆死，愚者獲生。夫當顛沛患難之際，乃欲以八人之智，而陷一人之愚，其用心亦險矣，天道果夢夢也。」

四六九、禽戲二

輟耕錄卷二十二「禽戲」：「余……至松江，見一全真道士，寓太古菴。一日取二鰍魚，一黃色，一黑色，大小相侔。用藥塗利刃，各斷其腰，互換接綴，首尾異色。投於水內，浮游如故。郡人衛立中，以盆池養之，經半月方死。」

四七〇、爐鳴

輟耕錄卷二十三「爐鳴」：「至元庚寅冬，江浙行省官，立僧格沙布迪音輩德政碑……。役人夫數千，拖拽而至。工畢之日，是夜省堂中火爐鳴，直至昧爽方休。嗣是，夜以爲常……。越明年春，相哥敗，諸公俱罹奇禍，豈非事有先兆與。」

四七一、蝦蟆說法

輟耕錄卷二十二「禽戲」：「余在杭州日……，又見畜蝦蟆九枚。先置一小墩於席中，其最大者，乃踞坐之，餘八小者，左右對列。大者作一聲，眾亦作一聲。大者作數聲，眾亦作數聲。既而小者一一至大者前點頭作聲，如作禮狀而退，謂之蝦蟆說法。」

四七二、玉泉井

元明事類鈔卷二「玉泉井」：「元史太弟攻大理，以久旱水遠，軍渴甚。乃仰天默禱，以劍插地，清泉湧出，名玉泉井。」

四七三、紫泉

元明事類鈔卷二「紫泉」：「潛溪集，貴州有紫泉，去城百步。相傳天子治，則紫泉出。洪武元年冬，泉流溢於江，其色深紫，光潔可染。」按：是年徐達克元大都，元惠帝奔開平。

四七四、蛇化龍

古今說海卷一百十一「遂昌山樵雜錄」：「嘗有縫人坐室，忽堊壁中，瑟瑟有聲。少間，堊罅處，小蛇隨出隨大，俄風雨化龍而去。」

四七五、古刀鳴警

元明事類鈔卷二十三「古刀鳴警」：「元史王恂，嘗行凌水濱，得古刀。其背銘曰：舉無不克，動必成功。恂佩之，每有警，必先鳴，故所向輒獲。」

四七六、雨黑黍

草木子卷三：「庚寅年，冬溫，霹靂暴雨時行。衢饒處等州，雨黑黍，大如小麥，色黑，咬破視其內，白如粉，草木皆萌芽吐花。」

四七七、元日稱水

研北雜誌卷下：「揚子江沙田田戶，每歲旦，取一瓿，以稱水。水重則是年江水大，水輕則水小，歲歲不差。」

四七八、童知未來無不驗

樂郊私語：「州民有樸知義者，家翁莊堰。幼生而不慧，至八歲不語。一日俄謂其母曰：今日墻外牛鬥，娘可避之，舉家駭而且喜。已而，隣人之牛，果鬥墻外。是後復不言，數日復言，有官兵來。未幾，張軍從雲間來，自此言無不驗。四方挾錢帛來問者，如見神明，家至驟富。然見人有凶事，輒指而告之如響。由是，人見之始，多面如死灰，惟恐其有惡言也。母因戒之，其後，惟母告之言則言。年十九始娶，與其妻一接而殞。此雖人妖，亦似乎保真通靈，故能前知如此。」

四七九、神仙髑髏

雪履齋筆記：「武夷又有石壁，高數百丈，當巖端陡絕處，列朱漆棺十餘口，隱然可望。問之山人曰：此歷代神仙髑髏也。李長吉爲神仙作輓歌，應非浪語。」

四八〇、鬼車鳥

草木之卷四：「鬼車鳥，相傳昔有十頭，能收人魂，一首爲犬所噬。秦中天陰時，有聲如力車鳴。」

四八一、呼來泉

元明事類鈔卷二「呼來泉」：「武夷山志，每歲製茶，令衆鳴金鼓，揚聲齊喊曰，茶發芽。旁有井，旋即漸滿，因名呼來泉。」

四八二、雙頭蓮

稗史彙編卷之一百七十三「雙頭蓮」：「鄱陽高嵲，就館于邑，宰以無訟，堂爲學舍，池中蓮生花雙頭，丞賈熼見之曰：此嘉祥也。」

四八三、塩入酒解馬毒

席上腐談卷之上：「馬痛者不可食，食之殺人，而肝爲甚……。予近見里人葛恒齋，食馬肉湩傷。以煮酒入塩，飲之而愈，然則酒誠可以解馬毒也。」

四八四、刀自出鞘

元明事類鈔卷二十三「自出鞘」：「菽園雜記，莊浪參將趙托爾，得一刀甚異。每地方將有事，自出其鞘者寸餘，托爾時以羊血塗其口。每察其出鞘，則預爲備。是以守邊多年，無敗事。」

四八五、利市先生

閒居錄：「王總管，宋之老兵也。宋亡失志，嘗以蒲席爲衣，或寄道院，及市井人家，自稱王總管，每到之處輒利。故人爭邀之，然多不往。詣酒館，或遇其來，急以酒與之，乃滿飲，擲杯而去，則其家終日獲利倍于他日，皆呼爲利市先生。」

四八六、奇人

閒居錄：「利市先生，嘗居石函橋許公道院。夜立以寐，時方大雪，牛羊多凍死。王乃解衣入水，扣冰而浴。既出汗流如雨，真異人也。平生狂歌，人聽以卜休咎多驗也。」

四八七、蠶鳴

草木子卷三：「鄜州路宜君縣孟皇村，呼景賢……家，其母養蠶，將老，蠶忽喞喞有聲，次年母卒。」

四八八、雨粉針

草木子卷三「雨粉針」：「湖廣民家，門戶柱壁之間，有粉痕，如針樣無數。不知何物，從何而來。」

四八九、修硯奇技

研北雜誌卷下：「韓風子，錢唐人，或云名文善，善補硯。硯雖百碎者，但不失原屑，補之若無損者，亦能修古銅器，惟硯爲絕精。居蒲橋，四面土墻，門若狗竇，夜宿一古櫃中。與人言，無尊卑，皆爾汝。得錢即付酒家，一舉而盡，是亦異人耳。」

四九〇、神算

輟耕錄卷二十三「預知改元」：「省掾李孟容度，爲余言：元統間，在都門見一全真先生……，所言輒有驗。因訪其寓所……，以出處叩之。全真曰：汝仕不在北方，且宜南歸，四十年後，方可食祿。偶問及時事，全真曰：此後當改至元，後改至貞，天下亂矣……。僕南還至闕河，聞改至元，心益信之，及改至正，則知貞者正也。四十年後，方補饒州府吏。全真之言，如燭照數計。特不知果何術也，豈非至人者乎。」

四九一、金礦外露

西使記：「密實靭國，國尤富。地產金，人夜視有光處，誌之以灰，翌日發之，有大如棗者。」

四九二、奇鳥風駝

西使記：「富浪國……，有大鳥，駝蹄蒼色，鼓翅而行。高丈餘，食火，卵如升許……。黑契丹，國名奇鞨摥……，風駝，急使乘，日可千里。」

四九三、久雨

草木子卷三：「甲午年春，大雨八十餘日，兩浙大饑。是夏，赤星見岳州。父老言，甲午年大雨，群龍皆穴地，變化而出無數，識者知其爲天發殺機也。」

四九四、日形如瓠

癸辛雜識續集卷上「日形如瓠」：「范元章聞之本心翁謂，曾見錢浩達可云：戊子十月內，早出郭，日初出，略無精光。其形如瓠，既而變方，乃就圓，殊不可曉也。」

四九五、鑿井奇法

癸辛雜識續集卷上「鑿井法」：「北方鑿井，動輒十餘丈深，尚未及泉，爲之者至難。或泉不佳，則費己重矣。後見一術者云：凡開井，必用數盆貯水，置數處。俟夜氣明朗，於盆內觀所照者星光，何處最大而明，則地中必有甘泉也，試之屢驗。」

四九六、華夷圖石

癸辛雜識續集卷上「華夷圖石」：「汴京天津橋上，有奇石大片，有自然華夷圖。山青水綠，河黃路白，粲然如畫，真異物也。今聞移置汴京文廟中，作拜石。」

四九七、針法神妙二則

癸辛雜識續集卷上「宋彥舉鍼法」：「趙子昂云，北方有宋彥舉者，鍼法通神，又能運氣。謂初用鍼，即時覺熱自此流入經絡，頃刻至患處。用補瀉之法治之，則病愈，而血氣流行矣。」「劉漢卿郎中，患牙槽風，久之頷穿，濃血淋漓，醫皆無效。在維揚有丘經歷，益都人。與鍼委中及女膝穴，是夕，膿血即止。旬日後，頷骨蛻去，別生新者。此後，張師道亦患此證，亦用此法鍼之而愈，殊不可曉也。丘嘗治消渴者，以酒酵作湯，飲之而愈，皆出於意料之外。」

四九八、珠池

稗史彙編卷之一百四十「珠池，合浦海中有珠池，蜑人沒水，探蚌取之。歲有豊耗，多得謂之珠熟。相傳海底有處所如城郭，大蚌居其中，有怪物之，不可得。蚌之細碎，蔓延於外者，始得而采。」

四九九、浪井

胡文穆雜著「灌嬰井」：「潯陽城內有井，謂與江通，江有風浪，井水輒飄動，土人名之謂浪井。」

五〇〇、夜光珠

稗史彙編卷之一百四十：「廣東老嫗，江邊得巨蚌，剖之，得大珠，歸而藏之絮中。夜輒飛去，及時復還。懼失去，以釜煮之。至夜，有光燭天，隣人驚起，以爲火也。競走赴之，光自釜出，乃珠也。明日納於官府，今在韶州軍資庫。予嘗見之，其大如彈狀，如水晶，非蚌珠也。其中有北斗七星，隱然而見。煮之半枯矣，故郡不敢貢于朝。」

五〇一、泉出如酒

稗史彙編卷之一百四十九「神芝仙草」、「有玉石，高且千丈，出泉如酒，味甘，名之謂玉醴泉。飲之數斗輒醉，令人長生。」

五〇二、馬蓮子治飽脹

水東日記卷三十七：「北方田野人，患胸腹飽脹者，取馬蓮花子擊碎，涼水下，即泄數行，幸而愈者有。」

五〇三、花片大如掌

稗史彙編卷之一百四十九「無名花」：「廣州之南，數百里，有蔓草生焉。其草吐一葉，白莖，片大如掌，初夏開。徧問土人，莫有知者。」

五〇四、醒酒草

稗史彙編卷之一百四十九：「典慶池南岸，有草數叢，葉紫而心殷紅。有一人醉過於草傍，不覺失去酒態。後有醉者，摘草哄之立醒，故人名為醒醉草。」

五〇五、墓水滿槨

海涵萬象錄卷一：「李大觀，四明奉人。其父葬茲山訖，大觀尋病蠱脹，百藥不療。

明年，有一道士，經父墓曰：此墓水滿槨，聞而開視，其柩側於水，亟遷之，其病即愈，父子骨氣蔭休如此。」

五〇六、羊生人手

稗史彙編卷之一百七十三：「寧州貞寧縣，見人牽一羊，胸前有兩手，抱胸如人手，有六指甲，如羊頗長，皆言前身爲人，因遇惡致此。」

五〇七、菜玉

稗史彙編卷之一百四十九：「衢州蘿蔔最大，味甘，冬月尤美。其魁如六斗斛，人家得此，不敢賣。戚友以鼓樂迎至家，設酒謂菜玉，以一歲豐享之詳。」

五〇八、蠐螬醫瞽

菽園雜記卷三：「當塗邵某，業合韋，事母孝，母病瞽。日傭歸，必買市食以奉母。一日邵出，妻得蠐螬蟲數枚，炙以奉姑，紿云：所親佳餽也。姑食而美，乃留二三啖其子。子見之，失聲痛哭，母被驚，雙目忽開明如平時。邵欲逐其妻，母曰：非婦毒我，我當再明，天使婦以此醫我也，邵留之終身。」

五〇九、嘉良夷

困學齋雜錄：「蜀郡西北二千餘里，即漢之西南夷也。有嘉良夷……，妻其群母及嫂。兒弟死，父兄納其妻，好歌舞，鼓簧吹長笛……。」

五一〇、鴨血可救溺死

稗史彙編卷之一百五十九「鴨血」：「凡人溺死者，以鴨血灌之可活，此張蓼符云。」

五一一、瓦礫擊鬼獲金

菽園雜記卷三：「江西南豐縣，一寺佛閣，有鬼出沒。徐生者素不檢，朋輩使夜登焉。且與約，一日先置一物於閣，翌旦持以爲信，則眾設酒飲之，否則有罰。及暮，生飲至醉而登，不持兵刃，惟拾瓦礫自衛而已。一更後，果有數鬼入，自其牖方，上梁坐。生大呼，投瓦礫擊之，鬼出牖去。生觀其所往，則皆入墻下水穴中，私識之而卧。翌旦，日高未起，眾疑其死矣。乃從容持信物而下，眾醵飲之。明日率家僮掘其處，得白金一窖六十餘斤，佛閣自是無鬼。」

五一二、蠲蔞魚

稗史彙編卷之一百六十：「交州有魚，其首類人，名曰蠋螻魚。元陳孚爲使至彼，彼國君臣，以是餉孚，蓋惴孚也。孚輒取二目啗之，彼遂服其多識。蓋魚之至味，在二目故也。」亦稱「人面魚」，卷之一百六十：「元朝有使海外者，其國燕饗之際，以朱盤進炙魚，人面魚身，置諸席上。使者舉筯，徑取雙目啗之，即撤去。蓋此名人面魚，其味在目，其毒在身。於是國王再拜，而加敬之。」

五一三、鷄作人語

稗史彙編卷之一百七十三：「宋處宗，甚悟玄理，嘗買得一長鳴鷄，愛養甚至，恒籠著窗間。鷄遂作人語，與處宗談論，極有玄，致宋因此，玄功大進。」

五一四、食火鷄

菽園雜記卷五：「嘗聞火鷄食火……，近日滿剌加貢火鷄，軀大於鶴，毛羽雜生，好食燃炭，駕部員外郎張汝弼親見之。」

五一五、趙女謝世詩

梧溪集卷三「和趙女謝世韻」：「南臺掾趙晉女，生而秀慧，自幼愛讀列仙傳。母怪問曰：列仙傳何如列女傳。女笑答曰：某夙習乃爾。或聞人請婚，輒謂曰：凡求婦，爲養舅姑，承祭續後也。不以實辭，而聽納采，脫物故，其失三者之望，必母氏是尤，遂辭之。年二十六，一夕命婢使具紙筆，題詩曰：九重縹緲黃金闕，十二玲瓏白玉樓。明朝了却人間夢，獨跨青鸞自在遊。端坐至曙而逝。」

五一六、項下吹笛

稗史彙編卷之四十：「沙隨程先生嘗云，項於行在，見一道人，以笛拄項下，吹曲其音清暢，而不近口，不知所以然，此說已在三十年前。」

五一七、却睡草

稗史彙編卷之一百四十九：「郭子橫云：五味草，食之，能使人不睡，亦名却睡草。」

五一八、老嫗食嬰

菽園雜記卷六：「北方老嫗，八九十歲以上，齒落更生者，能於暮夜出外，食人嬰兒，名秋姑。予自幼聞之，不信。同寮鄒繼芳郎中云：歷城民張家，一嫗嘗如此，其家鎖閉室中。鄒非妄誕人也。」

五一九、睡菜

稗史彙編卷之一百四十九：「睡菜五六月生於田塘中，葉類茨菰，根如藕稍。土人採根爲鹹菹，或云好睡。」

五二〇、婦產魚

稗史彙編卷之一百七十二「產魚」：「海州郡門外，有魚羹飦店，家一婦產鯉魚十四頭，相續而出，極爲痛楚，生畢而斃，魚獨無恙。」

五二一、兄弟共妻

蕺園雜記卷十一：「溫州樂清縣近海，有村落曰三山黃渡，其民兄弟共娶一妻。無兄弟者，女家多不樂與，以其孤立，恐不能養也。既娶後，兄弟各以手巾爲記，日暮兄先懸巾，則弟不敢入。或弟先懸之，則兄不入，故又名其地爲手巾嶴。」

五二二、五足牛

稗史彙編卷之一百七十三：「丙子有僧，自京師携一牛至蘇，有五足，一在後胯下，短不能及地，其蹄類人手，五指間有皮連絡。僧牽於市乞錢，人多見之。」

五二三、橫公魚

稗史彙編卷之一百六十：「北方荒中有石湖，方千里，岸深五丈餘。冰凍，惟夏至左右，五六十日稍解。池有橫公魚，長七八尺，形如鯉而赤。晝在水中，夜化爲人，刺之不入，煮之不死。以烏梅二枚煮之，則死，食之可止邪病。」

五二四、人生尾

稗史彙編卷之一百七十二：「臨安薦橋門外，米市橋之旁，有賣萁豆者，腰間生尾，長四尺餘。每用索纏縛數匝得不出。常爲市中小兒窘逐，必求觀之乃止。又一丐者亦有之，然才長數寸。」

五二五、王冕劈神像為薪

菽園雜記卷十二：「王冕，紹興人，國初名士。所居與一神廟切近，爨下缺薪，則斧神像爨之。一隣家，事神惟謹，遇冕毀神像，輒刻木補之，如是者三四。然冕家人歲無恙，補像者妻孥沾患，時時有之。一日召巫降神，詰神云，冕屢毀神，神不之咎。吾輒爲新之，何神不祐耶。巫者倉卒無以對，乃作怒曰：汝不置像，彼何從而饗耶。自是其人不復補像，而廟遂廢，至今以爲笑談。」

五二六、龍泉

稗史彙編卷之十：「龍泉在思南府婺川縣東二十里，其泉或一日一漲，或三日一漲。消則澄清，漲則混濁。人莫能測，故名龍泉。」

五二七、石人能言

稗史彙編卷之一百七十二「魯校書」：「汴都之南百里，有周令公墓。墓前一石人，能爲人言，或遇之，多稱魯校書，或云石押衙。」

五二八、鬼負渡

菽園雜記卷八：「里人曾孟源，嘗夜行，有水當涉，遇一舊識云：吾負汝渡，孟源喜從之。及上其身，忽悟云：此人已死，安得在此，必鬼欲迷我耳，乃堅附其背。既登岸，負者云可以下矣。孟源附之益堅，忽變一版，抱至民家，叩門乞火燭之，乃大焦棺板也。劈而焚之，深以爲不詳，自分必死，然竟無恙，後年逾七十而終。」

五二九、婦生夜叉

稗史彙編卷之一百七十二：「徽州婺源程歷夫，作商數年而還。是日狂雷顯電，夫婦契闊良久，遂交與無忌。婦即懷妊，十三月臨蓐，產一夜叉，三目四臂，朱髮青牙，便能趨拱。程持斧殺之。」

五三〇、蚰蜒入腦

菽園雜記卷十五：「北方有蟲名蚰蜒，狀類蜈蚣而細，好入人耳。聞之同寮張大器云：有人蚰蜒入耳不能出，初無所苦，久之覺腦痛，疑其入腦，甚苦之，而莫能爲計也。一日將午飯，枕案而睡，適有鷄一盤在旁，夢中忽歕嚏，覺有物出鼻中，視之，乃蚰蜒在鷄盤上，自此腦痛不復作矣。」

五三一、好食鷄

至正直記卷三：「吉安親友，朱元之嘗言，其族人有好食鷄者。凡親族隣里待之，必以鷄，別不設他物。其人一日過佃客家，將午，佃餉之以鷄，知其所好也。其人忽覺體困，就隱几假寐，戒其佃曰，吾欲睡慎勿驚覺。鷄熟時，置于几上，待我醒後食也。

其人乃熟睡未醒，鷄已至。佃客侍候於傍逾時，見一物自其人鼻孔中出，延於几，漸至鷄上，若蜈蚣而短，多足而黑，佃以蟲置於碗而覆之。須臾其人醒，見鷄於前，揮之令去，且曰鷄氣臭穢，不可食。佃乃告以故，其人見蟲曰，遠棄於地。令別烹鷄，鷄至，復曰臭穢不可食，自是不好鷄矣。不知何故，意其當初，必誤食蟲物，以致此患。患既絕，是以不好矣。」

五三二、蒼松白猿

元明事類鈔卷二：「獪園程君某，好畜奇石，一石瑩澤如玉，上有老猿，手攀枯松樣，而以一足掛，下濯於水。其松蒼，其猿白。」

五三三、黃蛇珠

稗史彙編卷之一百四十：「有人歲乘黃蛇入水，得黃珠一枚，故名蛇珠，亦名銷疾珠。語云：寧失千里馬，勿失黃蛇珠。」

五三四、香笑

至正直記卷三「學宮香鼎」：「學宮香鼎將燼，忽焰如燭光者，謂之香笑，主吉慶。

其地必出英賢，或出進士勤學掌儀，臧某爲余言之。」

五三五、西蕃塔影

山居新話卷三：「松江夏義士者，甲戶也。其房門上有一西蕃塔影，蓋松江無西蕃塔，不知此影，從何而得，人以爲異。」

五三六、預知水患

山居新話卷一：「韓子中，曹州定陶人，至正初，爲大都路知事。乃父在家，一日忽移家，去河六十里。人問其故，答曰：井水北流，則泉脈近矣，不久當有患。未及半年，定陶之地，半爲水矣。惟韓公無遺失之患，亦可謂先見之明者。」

五三七、花瓣十三色

山居新話卷一：「余外祖，英德路治中馮公世安，園中茶花一本，花瓣顏色十三等，固雖出人爲，亦可謂善奪造化之功者。」

五三八、聞異事疾癒

山居新話卷二：「至正七年，余至鶴砂訪舊，館於草堂張梅逸之家。因動問梅逸，去年得疾之由，後服何劑而愈曰：始因氣而得之，方當危困之際，忽於清旦，似夢非夢，有神人語之曰：一聞異事，其病立差。次日，婿偕門僧來問疾，語及場前龍降一事，極其異常，聞之，矍然疾乃如失。」

五三九、紅衣人示警

山居新話卷二：「至治二年，江西廉訪僉事哈喇，書吏畢宗遠，奏差陳汝楫，巡按瑞州路。一日看卷之際，僉事見鼓樓上，紅衣往來，問它人，皆不見之。少頃雷雨大作，電光直入廳事旋繞，隨至卷所。宗遠亟踰杈欄而出，髭鬢悉爲雷火所燎。文卷被羊角風掣去，旋入雲霄，竟不知落於何處，陳汝楫擊死於地。泰定間，宗遠侍父畢敬之，來松江爲庸田使，親言此事。」

五四〇、生鷄騈首

山居新話卷三：「余山居，西瀕湖，有養樂園，乃賈似道之故。今則江州路同知，西域人居之。至正九年夏，其家生鷄騈首，惡而棄之於水。」

五四一、少女懷孕殊奇

至正真記卷一「富州奇聞」：「先人嘗言，爲富州幕官時，聞一事甚異。市民某，家道頗從容，以販爲業。惟一妻一女，暮出朝還。女年及笄未嫁，忽覺有娠。父疑之，詢其母及女，皆言無他事，不知何以得此。問其隣亦曰，此女無外事。疑不能解，聞之官。驗其得孕之由，乃知彼日，父母合交時，女在榻後，間聞其滛慾聲狀，不覺動情。少頃溺于盆，女亦隨起溺之，同一器也。遺氣隨感，逆上成胎，其異遂釋。所以內外不同溷浴，不同圊溷，古人立法，蓋亦有深意焉。」

五四二、讖語成真

至正直記卷三「平江讖語」：「張九四陷平江，僭改隆平府。讖者云：隆平二字，遠觀似降，卒不久，當歸正，果然。吳善鄉守紹興，集民兵曰果毅，以篆書二字，懸于兵卒之背。讖者云：是果殺二字，不久當敗，果然。」

五四三、星入月

輟耕錄卷八：「松江孫元璘言，至正巳未七月六日夜，自平江歸，泊舟城西柵口。

方掀蓬露坐，忽見一星大如栝棬，色白而微青，尾長四五丈，光燄燭天，戛然有聲，由東方飛入月中而止。此時月如仰瓦，正垂之無偏倚，若人以手拾置其中者。」

五四四、天刑不可干

輟耕錄卷二十二「河南婦死」：「河南婦，世為河南民家。天兵下江南，婦被虜，姑與夫行求數年，得之湖南。婦已妻千戶某，饒於財，情好甚洽，視姑夫若塗人。會有旨，凡婦女被虜，許銀贖，敢匿者死。某懼罪，亟遣婦，婦堅不行。夫姑留以俟，婦閉其室，弗與通，遂號慟頓絕而去。行未百步，青天無雲而雷，回視婦已震死。錢塘白湛函先生，記以詩曰：從軍云樂，獲罪禱應難。母望明珠復，夫望破鏡完。押衙逢義士，公主奉春官。為報河南婦，天刑不可干。」

五四五、傅氏死義

輟耕錄卷二十三「傅氏死義」：「傅氏紹興諸暨人，年十八，適同里章瑜。瑜為苛吏脅，軍興期會，迫死道上。訃至，傅氏蒲伏抱屍歸。號泣三日，猶不忍入櫬。屍有腐氣，猶依屍呵唸曰，冀其甦。既入棺，至嚙其棺成穴。及葬，投其身壙中，母強挽以出。制未百日，母欲敓志，語聞遂慟，連日不食，母囑侍婢謹視之。閱數日，紿婢吾當浴，若輩理沐具俟予。既而失所在，明日婢汲井，見二足倒植井中，乃傅氏也。楊鐵史維禎，嘗贊之曰：余讀古節婦事，至青陵臺，及祝英氏，以爲後無繼者，世道降也久矣。今瑜妻乃爾，謂世降德薄者，吾信歟！」

五四六、石魚

稗史彙編卷之一百七十二：「廣陵陳生往莊，遇樵人，得石魚一枚，形狀可愛，袖之而歸。是夕月白風清，階前元置水盆，以納其中，以水沃。盆水忽汎溢，浪聲漸高，久而不止，一家爲之驚異。秉燭臨視，水已空竭，而魚身略無涓滴，生歎曰妖。由人興禍，不自作，留必爲患，遂持頑石就擊之，其鳴如雷，破成四塊，腹內白蟻數白飛走而出，莫能名爲何怪也。」

五四七、李仲賓遇鬼

癸辛雜識續集卷上「李仲賓談鬼」：「李仲賓衎父少孤，貧居燕城中。荒地多枸杞，一日踰隣寺頹垣，往采杞子。日正午，方行百餘步，忽迷失故道。但見廣沙莽莽，非平日經行境界，心甚異之。舉頭見日色昏，猶能認大悲閣，爲所居之地。遂向日南行，遁閣以尋歸路。忽見一壯夫，白帶方巾，步武甚健。厲聲問往何方，方錯愕間，遽以手捽甚胸。李素多力善搏，急用拳捶之，其人朴，已失其首，心知爲鬼物。然猶踉蹌相向，李復以拳朴之，隨朴隨起者十餘次，其人遂似怒而去。既稍前，則無首者，踞坐大石上以俟，意將甘心焉。然路所必經，執不容避。忽記腰間有采杞之斧，逐持以前。其人果起而迎之，遂斧其頸，鏗然有聲，乃在青石上，其人寂然不見，而異境亦還原觀。乃私識其處而歸。家人見神采委頓，問之，則不能語，越宿方能道所以。遂偕數人，往訪其處，果有斧痕在石上，遂起其右，下乃眢井，井中皆枯骸也。詢之，皆亡金兵亂中死者。遂函其骨，遷窆他所，後亦無他。」

五四八、鐵雨

說郛卷二十五下「楮室記、鐵雨」：「至治元年，玉案山產小赤犬，群吠遍野。占曰：天狗墜地爲赤犬，其下有大軍覆境。又時雨鐵，民舍山石皆穿，人物值之多斃。謠俗號鐵雨。」

五四九、富隣還券

說郛卷二十五上「稗史、富隣還卷」：「天台縣有宋氏，家本富，後貧，築廬于隣家，作一詩與之曰：自嘆年來刺骨貧，吾廬今已屬西隣。殷勤說與東西柳，他日相逢是路人。富者讀之惻然，即以卷還之，不索其値，鄉人佳其誼。」

五五〇、狙猿朝廟

說郛卷二十五上「稗史、狙猿朝廟」：「道州有舜祠，凡遇正月初吉。山狙群聚于祠傍，以千百數，跳踉奮擲，狂奔疾超，如是者五日而後去。次狷，亦如之三日乃去。土人謂之，狙猿朝廟。」

五五一、靈山神

說郛卷二十五下「楮記室、靈山神」：「有士人鬱鬱不得志，丐夢靈山神，以石城懷果對清明之句示之，莫知其解。越十餘年，士人成進士，謁選得石城令。單車造之，及縣界，宿僧寺中，是夜四山燈火燐燐然，顧謂僧曰：是燐燐者爲何，曰清明祭墓者耳。問寺曰果懷。令始嘿理前夢，無不合者。因借其句成詩云、眼前兒女莫關情，春若來時草自青。夢即是真真即夢，石城懷果對清明。」

五五二、好奇

說郛卷二十五上「稗史、好奇」：「江西古喻，蕭太山好奇之士也。名其堂，曰堂堂堂，亭曰亭亭。越東持節某，提舉江西日，蕭延飲，徧歷亭館，次觀其扁。至洞，公因戲之曰，此何不名曰洞洞洞，蕭爲之不懌。」

五五三、葛大哥

輟耕錄卷九：「吾鄉臨海章安鎭，有蔡木匠者，一夕手持斧斤自外歸，道東山。東山衆所殯葬之處，蔡沈醉中謂抵家，捫其棺曰，是我榻也。寢其上，夜半酒醒，天且昏黑不可前，未免坐以待旦。忽聞一人高叫，棺中應云，喚我何事。彼云某家女病損證，盍其後園葛大哥淫之耳。却請法師捉鬼，我與你同行一觀如何，棺中云，我家客至不可去。蔡明日詣主人曰，娘子之疾，我能愈之。主人驚喜，許以厚謝。因問屋後曾種葛否，曰然。蔡徧地翻掘，內得一根甚巨，斫之且有血，煮啖女子，病即除。」

五五四、買宅有識

輟耕錄卷七：「松江在城金世昌者，出繼夏氏，嘗買廢宅，修葺前廳，梁內有鑿成金世昌三字。必昔時客商所記姓名，人以爲有定數云。」

五五五、鬻爵不賑

元詩紀事卷十八「穎州老翁歌、附錄」：「至正四年，河南北大飢，明年又疫，民之死者過半，朝廷嘗議鬻爵以賑之。江淮富人，應命者衆，凡得鈔十餘萬定，粟稱是。會夏小稔，賑事遂已。然民罹大困，由萊盡荒，蒿蓬無人，狐兔之跡滿道。時余爲御使，行河之南，請以富人所入錢粟，貸民具牛種以耕，豐年則收其本，不報。覽易之之詩，追憶往事，爲之惻然。八年三月，翰林待制，武威余闕志。」

五五六、馬食肉

元明事類鈔卷三十八「食肉」：「霏雪錄，大德十年，西域貢千里馬，其馬食肉，每旦必以羊肉酥油沙糖胡椒，和飯飼之。」

五五七、四足蛇

西使記：「奇拉爾城，所產蛇，皆四跗，長五尺餘，首黑身黃，皮如鯊魚，口吐紫艷。」

五五八、獨不霑濕

元明事類鈔卷一：「本朝邵遠平元史類編，王庸至孝，母卒露處墓前，早夕悲號。

一夕雷雨暴至，鄰人持寢席往蔽之，見庸臥地，獨不霑濕。」

五五九、玲瓏有竅

元明事類鈔卷一：「元史至元中，清州雨雹，大過於拳。其狀有如龜者，如小兒形者，如獅象者，如環玦者，或橢如卵，或圓如彈。玲瓏有竅，色白而堅。」

五六〇、十重霧

元明事類鈔卷一：「元史類編，董摶霄奉命，以兵援江南。賊犯徽州，有道士能作十二里霧，摶霄以計破之，妖霧頓開，諸伏兵皆起，遂破賊。」

五六一、廿年不睡

元明事類鈔卷十九：「劉因九日登洪崖詩，況有幽栖人，嗒然空隱几。自注：有道士居此，今二十年不睡矣。」

五六二、浙江海潮不波

草木子卷三：「至正壬辰癸巳間，浙江潮不波……。昔宋末，海潮不波而宋亡，元末海潮不波而元亡，亦天數之一終也。蓋杭州是鬧潮，不鬧是其變。」

五六三、驗盜

古今說海卷十二「真臘風土記總叙」：「如人家失物，疑此人爲盜，不肯招認。遂以鍋煎油極熱，令此人伸手其中，若果偷物，則手腐爛，否則皮肉如故云，蕃人有法如此。」

五六四、天獄

古今說海卷十二「真臘風土記總叙」：「兩家爭訟，莫辨曲直。國宮之對岸，有小石塔十二座，令一人各坐一塔中。其外兩家，自以親屬，互相隄防。或坐一二日，或坐三四日，其無理者，必獲證候而出。或身上生瘡癤，或咳嗽熱證之類，有理者略無纖事，以此剖判曲直，謂之天獄。」

五六五、咸平樹葉代醋

古今說海卷十二「真臘風土記總叙」：「土人不能爲醋，羹中欲醋，則著以咸平樹葉。樹既莢則用莢，既生子則用子。」

五六六、年年兩遷

古今說海卷十二「真臘風土記總叙」：「其地半年有雨，半年絕無。自四月至九月，每日下雨，午後方下。淡水洋中，水痕高七八丈，巨樹盡沒，僅留一杪耳。人家濱水而居者，皆移入山。後十月至三月，點雨絕無。洋中僅通小舟，深處不過三五尺，人家又復移下。」

五六七、明月泉

元明事類鈔卷二：「元吳萊集，浦陽舊有明月泉，久而不應。今乃疏導其源，似與弦望晦朔之間，相爲消長然。」

五六八、擊豹腦

元明事類鈔卷三十八：「元史至大間，建德王氏女，父出耘，爲豹所噬。女驚趍救，以父所棄鋤，擊豹腦殺之，父得生。」

五六九、青馬貴

元明事類鈔卷三十八：「元史王珣，武力絕人，嘗遇道士謂之曰：君相甚奇，他日因一青馬而貴。歲餘，果有以青馬來鬻者，乃倍價賞之，後乘以戰，無不如意。」

五七〇、貳臣受辱

菽園雜記卷三：「高皇一日遣小內使，至翰林看何人在院，時危素太朴當直，對內使云：老臣危素，內使復命，上默然。翌日傳旨，令素余闕廟燒香，蓋余危皆元臣，余為元死節。蓋厭其稱老臣，故以愧之。」

五七一、巨松

山房隨筆：「靈隱寺主僧元肇，號淮海寺有松，大數十圍。」

五七二、夢驗

山居新話卷一：「吳巽字叔巽，嘗應天歷己巳舉，至都對余言：某初兩舉皆不第，忽得一夢，有一人言，黃常得時，你便得遂。改名為黃常亦不中，即復今名。至此次鄉試，乃黃常為本經詩魁，省試則黃常與吳巽，榜上並列其名。其吳黃常解據，亦併在篋中，夢之驗有如此者。」

五七三、春帖相符

山居新話卷一：「元統間，余爲奎章閣屬官，題所寓春帖曰：光依東壁圖書府，心在西湖山水間。時余嵏山爲江浙儒學提舉，寫春帖付男坰，寘于山居則曰：官居東壁圖書府，家在西湖山水間。偶爾相符，亦可喜也。」

五七四、五龍同現嘉興

山居新話卷二：「至正戊子，小寒後七日，即十二月望，申正刻，四黑龍降於南方，雲中取水。少頃又一龍，降東南方，良久而沒，俱在嘉興城中見之。」

五七五、錢塘江潮違常

山居新詔卷二：「至正戊子正月十八日，錢塘江潮，比之八月中潮，倍之數丈，沿江民舍，皆被不測之漂，一時移居者甚眾。」

五七六、虎引彪渡水

癸辛雜識續集卷下：「諺云，虎生三子，必有一彪。彪最獷惡，能食虎子也。今聞獵人云，凡虎將三子渡水，慮先往，則子爲彪所食。則必先負彪，以往彼岸。既而挈一子次至，則復挈彪以還。還則又挈一子往焉，最後始挈彪以去。蓋極意關防，惟恐食其子故也。」

五七七、取紅

島夷誌略「真臘」、「生女九歲，請僧作梵法，以指挑童身取紅，點女額及母額，名爲利市云。」

五七八、手長過膝

島夷誌略「巴南巴西」：「男女體小而形黑，眼圓耳長，手垂過膝，身披絲絨單被。」

五七九、菌蕈

稗史彙編卷之一百四十九。「菌蕈，有一種，食之，令人得乾笑疾，土人戲呼笑矣乎。」

五八〇、休休散

稗史彙卷之一百四十九：「湖湘習俗，為毒藥以中人，其法，取一大蛇斃之，厚用茅草，盖掩幾旬，則生菌蕈。發根自蛇骨，候肥盛採之，令乾搗末，糝於茶酒食之，遇者無不赴泉壤，世人號為休休散。」

五八一、厚德

說郛卷二十五上「侵葬塋地」：「李佾字子列，奉化江口人也，人有侵葬其先塋之側，或曰請訟之。子列曰，訟則彼合徙柩也。昔季武子成，寢杜氏之葬，在西階之下，請合葬，猶許之，此特鄰逼爾，初豈害吾事也。況葬已揜藏，忍使之暴露耶，鄉曲賢之。」

五八二、鹿魚

稗史彙編卷之一百六十「鹿魚」：「鹿魚長二尺餘，有角，腹下有腳，如人足。」

五八三、四歲生鬚

稗史彙編卷之一百七十二「兒生鬚」：「兩淮民家，四歲小兒，自耳目下，皆生長鬚寸餘，能寫大字，其父入都，持兒示人，日得數緡。」

五八四、犬事病人

重刊湖海新聞夷堅續老前集「犬事病人」、「德慶路在城人家，有一老媪，臥病于床。一日，渴呼水飲，家人並無在傍。有老犬，忽作人行，入廚取熱湯。儼如人，執湯碗以進病者，恬不爲怪。後病竟愈，其家亦無他故。」

五八五、虎感孝心

誠齋雜記卷下：「楊威少失父，事母至孝。嘗與母入山採薪，爲虎所食。自計不能禦，于是抱母且號且行，虎見其情，遂俛耳而去。」

引用書目

1. 宋、周 密 癸辛雜識 六卷 商務印書館 文淵閣四庫全書
2. 元、元好問 遺山集 四十卷 商務印書館 文淵閣四庫全書
3. 元、耶律楚材 湛然居士集 十四卷 商務印書館 文淵閣四庫全書
4. 元、郝 經 陵川集 三十九卷 商務印書館 文淵閣四庫全書
5. 元、劉 因 靜修集 十五卷 商務印書館 文淵閣四庫全書
6. 元、王 惲 秋澗集 一百卷 商務印書館 文淵閣四庫全書
7. 元、耶律鑄 雙溪醉隱集 六卷 商務印書館 文淵閣四庫全書
8. 元、趙孟頫 松雪齋集 十卷 商務印書館 文淵閣四庫全書
9. 元、姚 燧 牧庵集 三十六卷 商務印書館 文淵閣四庫全書
10. 元、陳 孚 陳剛中詩集 三卷 商務印書館 文淵閣四庫全書
11. 亢、袁 桷 清容居士集 五十卷 商務印書館 文淵閣四庫全書

12.元、揾奚斯　文安集　十四卷　商務印書館　文淵閣四庫全書
13.元、白　珽　湛淵集　一卷　商務印書館　文淵閣四庫全書
14.元、黃　溍　文獻集　十卷　商務印書館　文淵閣四庫全書
15.元、周伯琦　近光集　三卷　商務印書館　文淵閣四庫全書
16.元、納　延　金臺集　二卷　商務印書館　文淵閣四庫全書
17.元、謝應芳　龜巢集　十七卷　商務印書館　文淵閣四庫全書
18.元、周霆震　石初集　十卷　商務印書館　文淵閣四庫全書
19.元、王　逢　梧溪集　七卷　商務印書館　文淵閣四庫全書
20.元、楊允孚　灤京雜詠　一卷　商務印書館　文淵閣四庫全書
21.元、楊維禎　復古詩集　六卷　商務印書館　文淵閣四庫全書
22.元、張　昱　可閒老人集　四卷　商務印書館　文淵閣四庫全書
23.元、胡　助　純白齋類稿　二十卷　商務印書館　文淵閣四庫全書
24.元、楊維禎　鐵崖古樂府　十卷　商務印書館　文淵閣四庫全書
25.元、蘇天爵　元名臣事略　十五卷　商務印書館　文淵閣四庫全書
26.元、蘇天爵　元文類　七十卷　商務印書館　文淵閣四庫全書
27.元、汪大淵　島夷誌略　一卷　商務印書館　文淵閣四庫全書

28. 元、張 憲 玉笥集 十卷 商務印書館 文淵閣四庫全書
29. 元、劉 壎 隱居通議 十卷 商務印書館 文淵閣四庫全書
30. 元、白 珽 湛淵靜語 二卷 商務印書館 文淵閣四庫全書
31. 元、李 冶 敬齋古今黈 八卷 商務印書館 文淵閣四庫全書
32. 元、李 翀 日聞錄 一卷 商務印書館 文淵閣四庫全書
33. 元、盛如梓 庶齋老學叢談 三卷 商務印書館 文淵閣四庫全書
34. 元、陳 友 研北雜誌 二卷 商務印書館 文淵閣四庫全書
35. 元、郭 翼 雪履齋筆記 一卷 商務印書館 文淵閣四庫全書
36. 元、蔣正子 山房隨筆 一卷 商務印書館 文淵閣四庫全書
37. 元、楊 瑀 山居新話 四卷 商務印書館 文淵閣四庫全書
38. 元、鄭元祐 遂昌雜錄 一卷 商務印書館 文淵閣四庫全書
39. 元、姚桐壽 樂郊私語 一卷 商務印書館 文淵閣四庫全書
40. 元、陸友仁 硯北雜誌 上下卷 商務印書館 文淵閣四庫全書
41. 元、陳世隆 北軒筆記 一卷 商務印書館 文淵閣四庫全書
42. 元、鮮于樞 困學齋雜錄 一卷 商務印書館 文淵閣四庫全書
43. 元、柳 貫 柳待制集 二十卷 商務印書館 文淵閣四庫全書

44. 元、吾　衍　閒居錄　一卷　商務印書館　文淵閣四庫全書
45. 元、楊維禎　麗音遺音　四卷　商務印書館　文淵閣四庫全書
46. 元、劉　郁　使西記　一卷　商務印書館　文淵閣四庫全書、古今說海
47. 元、周達觀　真臘風土記總敘　一卷　商務印書館　文淵閣四庫全書、古今說海
48. 元、佚　名　三朝野史　一卷　商務印書館　文淵閣四庫全書、古今說海
49. 元、思善堂　夷堅續志　三集　新興書局　筆記小說大觀
50. 元、林　坤　誠齋雜記　上下卷　新興書局　筆記小說大觀
51. 元、葛溪權衡　庚申外史　上下卷　新興書局　筆記小說大觀
52. 元、趙　雍　趙待制遺稿　一卷　興中書局　知不足齋叢書
53. 明、宋　濂　元　史　二百一十卷　商務印書館　文淵閣四庫全書
54. 明、葉　盛　水東日記　三十八卷　商務印書館　文淵閣四庫全書
55. 明、陸　容　菽園雜記　十五卷　商務印書館　文淵閣四庫全書
56. 明、胡　廣　胡文穆雜著　一卷　商務印書館　文淵閣四庫全書
57. 明、姚之駰　元明事類鈔　四十卷　商務印書館　文淵閣四庫全書
58. 明、陳邦瞻　元朝紀事本末　三十七卷　商務印書館　文淵閣四庫全書
59. 明、葉子奇　草木子　四卷　商務印書館　文淵閣四庫全書

60. 明、鎦　績　霏雪錄　二卷　商務印書館　文淵閣四庫全書
61. 明、曹　安　讕言長語　一卷　商務印書館　文淵閣四庫全書
62. 明、陶宗儀　輟耕錄　三十卷　商務印書館　文淵閣四庫全書
63. 明、王　褘　王忠文集　二十卷　商務印書館　文淵閣四庫全書
64. 明、岷峨山人　譯語　一卷　商務印書館　紀錄彙編
65. 明、陶宗儀　元氏掖庭侈政　一卷　藝文印書館　百部叢書集成
66. 明、孔　齊　至正直記　四卷　藝文印書館　百部叢書集成
67. 明、孫道易　東園友聞　一卷　藝文印書館　百部叢書集成
68. 明、陳　霆　兩山墨談　十八卷　新興書局　筆記小說大觀
69. 明、俞　琰　席上腐談　上下卷　新興書局　筆記小說大觀
70. 明、施顯卿　奇聞類紀　十卷　新興書局　筆記小說大觀
71. 明、馮夢龍　古今譚槩　十八卷　新興書局
72. 明、王圻　稗史彙編　一百七十五卷　新興書局
73. 明、黃孟清　海涵萬象錄　四卷　新文豐出版公司　四明叢書
74. 明、王文祿　龍興慈記　一卷　新興書局　廣百川學海
75. 明、夏元吉　一統肇基錄　一卷　新興書局　廣百川學海

76. 明、王禕　逐鹿記　一卷　新興書局　廣百川學海
77. 明、張　定　在田祿　一卷　新興書局　廣百川學海
78. 清、蔣天錫　古今圖書集成　一萬卷　鼎文書局
79. 清、顧嗣立　元詩選　二十集　藝文印書館
80. 清、陳　衍　元詩紀事　四十五卷　商務印書館　萬有文庫
81. 民、姚從吾先生全集　七冊　正中書局
82. 民、王國維　蒙韃備錄箋証　正中書局　蒙古史料四種
83. 民、王國維　黑韃事略箋証　正中書局　蒙古史料四種
84. 民、馮承鈞譯　多桑蒙古史　二冊　商務印書館
85. 民、張星烺譯　馬哥孛羅遊記　一冊　商務印書館　人人文庫
86. 明、陶宗儀　說郛　一百二十卷　商務印書館　文淵閣四部全書

附錄：作者著作目錄

壹、論　文

1. 論蒙古的軍事制度及其特色　戰鬥月刊　六卷五期　四七・五
2. 蒙古的謀略戰對俄羅斯之影響　軍事雜誌　八十六期　四八・四
3. 元太祖班朱尼河誓衆考略　大陸雜誌　十九卷十二期　四八・一二
4. 李文田元秘史註之探討　反攻月刊　二三一期　五十・六
5. 新元史蠡測　大陸雜誌　二十二卷十一、十二期　五十・六
6. 元代玄教考略　政治學術季刊　一卷一、二期　五十、一二
7. 東平嚴實幕府人物與興學初考　大陸雜誌　二十三卷十二期　五十・一二
8. 詩歌中之晚元國情　中華青年　三卷二期　五一・六
9. 十三世紀蒙古習俗與塞北部族習俗之比較　中國內政　三十二卷五期　五一・六
10. 新元史蠡測之二　政治學術季刊　一卷三、四期　五一・九

27. 十三世紀蒙古飲酒之習俗儀禮及其有關問題　大陸雜誌　三十四卷五期　五六・三
28. 元王惲驛赴上都行程校註　大陸雜誌　三十四卷十二期　五六・六
29. 元代之畏吾兒　反攻月刊　三〇七期　五六・十
30. 元史箚記　大陸雜誌　三十五卷十二期　五六・一二
31. 十三世紀蒙古戰士之戰技　反攻月刊　三一七期　五七・三
32. 十三世紀蒙古馬之訓練及其對蒙古帝國的影響　中國邊政　二十三期　五七，十
33. 十三世紀蒙古人之婚姻制度及其有關問題　大陸雜誌　三十七卷十期　五七・一一
34. 元代蒙人之喪葬制度　中國邊政　二十四期　五七・一二
35. 十三世紀蒙古戰士之裝備　大陸雜誌　三十八卷一期　五八，一
36. 十三世紀蒙古之屯住與遷徙　反攻月刊　三二四期　五八・三
37. 略論秋澗大全集對元代道教研究之價值——元王惲年譜之一　中國邊政　三十三期　六十・三
38. 論秋澗大全集所顯示之元代政治與社會——元王惲年譜之二　反攻月刊　三四八期　六十・三
39. 元許魯齋之風範評述　國立編譯館館刊　創刊號　六十・十
40. 元代眞大道教考　大陸雜誌　四十三卷四期　六十・十
41. 論元代玄教勃興之因素——元代玄教考之一　智慧　四卷三期　六一・四
42. 試補宋元學案之靜修學案——元劉靜修年譜之一　國立編譯館館刊　一卷三期　六一・六

43. 元太祖生卒年代與壽期考　智慧　四卷十一期　六一・八
44. 元劉靜修學養詩文與人品風節評述——元劉靜修年譜之二　國立編譯館館刊　一卷四期　六一・一二
45. 元代海運考釋　東方雜誌　復刊六卷十二期　六二・六
46. 元代玄教道侶交遊唱和考——元代玄教考之二　中華文化復興月刊　六卷十一期　六二・一一
47. 元代玄教宮觀教區考——元代玄教考之三　中華文化復興月刊　七卷一期　六三・一
48. 元名儒劉靜修行事編年——元劉靜修年譜之三　國立編譯館館刊　二卷四期　六三・三
49. 元代玄教弟子法孫考——元代玄教考之四　中華文化復興月刊　七卷四期　六三・四
50. 元吳草盧學養詩文造詣考——元吳草盧評傳之一　國立編譯館館刊　四卷二期　六四・一二
51. 從元朝祕史論成吉思汗及蒙人之道德觀念　中國邊政　六十三期　六七・九
52. 元代定鼎中原後帝王之遊獵生活　國立編譯館館刊　七卷二期　六七・一二
53. 十三世紀蒙古之婦女地位　中華婦女　二十九卷五、六期　六八・三
54. 程雪樓之學養詩文及其政教思想　中國邊政　七十三期　七十・三
55. 程雪樓在元代之貢獻　中國邊政　七十五期　七十・九
56. 程雪樓行事編年　國立編譯館館刊　十卷二期　七十・一二
57. 藏胞爲炎黃子孫西藏爲中國領土　中國邊政　八十期　七一・一二

58. 從卡若遺址之發現論西藏永爲中國領土　中國邊政　叢刊之四　七二・三
59. 雜談有關元史五事　東方雜誌　復刊十八卷一期　七三・七
60. 十三世紀蒙人之「驅口」——奴隸與俘虜　中國邊政　八十九期　七四・三
61. 從元朝祕史論十三世紀蒙人之軍事思想　中國邊政　九十期　七四・六
62. 有關元史四事述要　中國邊政　九十四期　七四・九
63. 有關元史箚記四則　東方雜誌　復刊十九卷三期　七四・九
64. 十三世紀蒙人之宗教信仰及其有關問題　中華文化復興月刊　十八卷十一期　七四・一一
65. 十三世紀蒙古大軍轉戰萬里所向克捷之三大特色　中國邊政　九十二期　七四・一二
66. 從元朝祕史論十三世紀蒙人之文學　中國邊政　九十三期　七五・三
67. 十三世紀蒙人之政治特色　東方雜誌　復刊二十卷二期　七六・五
68. 十三世紀蒙人之世官制度　東方雜誌　復刊二十卷十一期　七五・八
69. 元代西方文物東傳中原初考　中國邊政　九十九期　七六・九
70. 元代蒙人之娛樂　中華文化復興月刊　二十卷十期　七六・十
71. 十三世紀蒙人之戰術戰略　中正學刊　九期　七六・十
72. 十三世紀西方文物東傳蒙古初考　東方雜誌　復刊二十卷六期　七六・一二
73. 元代蒙古汗（帝）位繼承制度之演變及其流弊　中國邊政　一〇二期　七七・六

74. 從元詩中論蒙人節慶之漢化　東方雜誌　復刊二十二卷五期　七七・一一

75. 十三世紀蒙人之貿易政策　中國邊政　一〇四期　七七・一二

76. 元代蒙人生活之轉變　東方雜誌　復刊二十二卷八期　七八・二

77. 元代和林之風貌　中國邊政　一〇五期　七八・三

78. 十三世紀蒙人之祭祀及其有關問題　中國邊政　一〇六期　七八・六

79. 十三世紀蒙人之教育　東方雜誌　復刊二十二卷十二期　七八・六

80. 元代宮廷大宴考　東方雜誌　復刊二十三卷三期　七八・九

81. 靜修先生文集詩箋　中國邊政　一〇七期　七八・九

82. 有關元史八事記要　東方雜誌　復刊二十三卷十一期　七九・五

83. 元代蒙人之衣著髮式　中國邊政　一一一期　七九・九

84. 從元詩論元代宮廷之飲食　中國邊政　一一二期　七九・一二

85. 元代官制之特色　中國邊政　一一四期　八十・六

86. 元代蒙古人漢化考　中原文獻三八卷四期　三九卷一期九五、十　九六、一

87. 元詩中之大都風情

88. 試補「欽定日下舊聞考」之元宮室考

89. 「安南即事」考釋

90. 陳孚驛赴安南行程考釋

91. 論元秘史在語言學中之價值

92. 元代之泉州

貳、論　著

1. 蒙古戰史　大衆出版社　四八・一　一〇三頁

2. 元許魯齋評述　商務印書館　六一・九　一六六頁　五十九年承國家科學會補助完成

3. 元太保藏春散人劉秉忠評述　商務印書館　六三・二　二〇二頁　六十一年承國家科學會補助完成

4. 元史研究論集　商務印書館　六三・九　三八三頁　九五、九、再版

5. 元吳草盧評傳　文史哲出版社　二一六頁　六十二年承國家科學會補助完成

6. 元史論叢　聯經事業出版公司　六七・九　三〇九頁　七五、一、再版　五十七、六十年承國家科學會補助完成

7. 程雪樓評傳　新文豐出版公司　六八・七　一一九頁　六十三年承國家科學會補助完成

8. 王秋澗年譜　待出版　五十八年承國家科學會補助完成

9. 元代蒙古文化論集　商務印書館　九三・五　二八五頁

10. 元代蒙古文化論叢　元史哲出版社　九三、七　三〇九頁
11. 元史探微　文史哲出版社　九八、四、初版　一〇四、九、三增訂一刷　五二二頁
12. 補文淵閣四庫全書之元人別集　文史哲出版社　一〇〇、三、增訂一刷　五一四頁
13. 元史鉤沈　文史哲出版社　一〇二、九　六九七頁
14. 元代蒐奇錄　文史哲出版社　一〇五、九　二四四頁
15. 文淵閣四庫全書元人別集補遺續　文史哲出版社　一〇五、十、初版　二四五頁

參加第四次蒙古學國際學術會議紀要

袁冀（國藩）

八月十五日，筆者有幸應邀，至呼和浩特市之內蒙古大學，參加為期四天之四次蒙古學，國際學術討論會，與會之中外學者，二百八十餘位。分別來自日本、韓國、外蒙古、俄國、烏克蘭、芬蘭、土耳其、波蘭、匈牙利、德國、英國等十三個國家。大會分蒙古語文、蒙古文學、蒙古歷史，與綜合四組討論，並發表論文二百三十餘篇。

元代宮廷大宴之情形，資料頗為缺乏。然元人文翰之吟詠中，卻保存殊多珍貴之記錄。其中尤以大宴之地點、衣著、儀禮、飲食、娛樂，與夫特有之習俗為然。故筆者據此，於大會中，提出「元代宮廷大宴考」之論文報告，不僅頗受大會所矚目，且亦間接說明，從史學觀點，以論元詩，不失為擴大蒙古學研究範疇、方向之一。

此次蒙古學國際學術討論會，所以能如此盛大，而又成功之因素有：一為內蒙古大學之蒙古學學院，具有優秀龐大之研究團隊。教授三十七人，副教授三十八人，講師三十五人。其中博士四十一人，碩士三十五人。既精通蒙文外語，復便於實地調查，與地下考古。以致其研究之成果，殊為豐碩。六年中，發表論文八百三十五篇，出版專著與教材一百二十八種。不僅深受世界各國蒙古學研究之學者所敬佩，且已成爲世界蒙古學之研究中心，故能一經邀約，各地學者，無不欣然就道。

二爲有關大會之主辦人士，自其校長、副校長、蒙古學學院院長、蒙古學研究中心主任等，均待人熱誠謙和，其中尤以其副校長爲然。筆者曾三次與之同桌用餐，然他很少進食。時而與甲談，時而與乙聊。雖有女服務員在側，然仍殷殷親自爲大家勘酒勸飲。以大陸一百所重點大學副校長之崇高地位，望重士林，竟如此紓尊降貴，以待來賓。自會遠近悅來，能廣邀世界各國之著名學者，參加此一盛大之學術學會。

由於筆者，蒙古學之研究，尙獲肯定，兼以年已八十有二，故頗受大會之禮遇與尊重。內蒙古自治政府副主席，約見大會代表六人，筆者爲其中之一。大會合照時，復受邀至第一排就坐。晚會結束，又與其他代表登台，向該校藝術學院，表演之全體同學，握手致謝，並攝影留念。

同時，蒙古學學院名譽院長，蒙古學泰斗，曾派專人，贈送其巨著，使筆者獲益非淺。德國波昻大學，研究所教授，斐慕眞博士，亦再三與筆者接觸，以謀深談。蒙古學研究中心主任，復譽之謂：「你的文學基礎深厚，我們正需要此種人才。」此外，大陸「中國民族報」、台灣「自由時報」，均有專訪之評論報導，分於九月二十四日、八月二十三日刊出。

凡此，雖屬兩岸學術之交流，在台同鄉活動之一端，然亦不無可供吾人深思之處！

（原載民國九十四年一月一日中原文獻三十七卷一期）

Google 中
所登錄有關作者各項資料之總計

Google　袁冀 學術　搜尋　進階搜尋 | 使用偏好
搜尋：◉ 所有網頁 ○ 中文網頁 ○ 繁體中文網頁 ○ 台灣的網頁
所有網頁　△ 約有114,000項符合袁冀 學術的查詢結果，以下是第 1-10項・ 共費0.02 秒・

Google　元史+袁冀　搜尋　進階搜尋 | 使用偏好
◉ 所有網頁 ○ 中文網頁 ○ 繁體中文網頁 ○ 台灣的網頁
所有網頁　△ 約有17,700項符合元史+袁冀的查詢結果，以下是第 1-10項・ 共費0.08 秒・

Google　袁國藩　搜尋　進階搜尋 | 使用偏好
搜尋：◉ 所有網頁 ○ 中文網頁 ○ 繁體中文網頁 ○ 台灣的網頁
所有網頁　△ 約有512項符合袁國藩的查詢結果，以下是第 11-20項・ 共費0.04 秒・

Google　袁國藩 博碩士論文　搜尋　進階搜尋
◉ 所有網頁 ○ 中文網頁 ○ 繁體中文網頁 ○ 台灣的網頁
網路工具　顯示選項...
△ 約有117項符合袁國藩 博碩士論文的查詢結果，以下是第 1-10項・ 需時 0.07 秒・

所有網頁 圖片 影片 地圖 新聞 翻譯 Gmail 更多▼　網頁記錄 | 搜尋設定 | 登入

Google　袁冀 博碩士論文　搜尋　進階搜尋
◉ 所有網頁 ○ 中文網頁 ○ 繁體中文網頁 ○ 台灣的網頁
網路工具　顯示選項...
△ 約有4,450項符合袁冀 博碩士論文的查詢結果，以下是第 1-10項・ 需時 0.06 秒・

註：1. 此頁係由有關作者各項資料之總計，剪接而成。
　　2. 經查各項總計之數，雖非悉爲有關作者之資料，然大多數則爲如此。

袁冀傳略

袁冀，原名國藩，一九七三年，奉命更今名。一九二三年生，世居虞城縣舊縣城之東二街，東馬道，五處四合院中。城南十里之袁庄，則爲族人聚居之地。

祖父諱松嶺，深獲鄉黨鄰里敬愛，由昔日大門所懸之匾四幅，可以明證。因兄弟五人，故分居於五處宅院中。父諱茂昌，字瑞亭。善繪畫，工山水，復長於音樂。曾任縣立簡易師範，中小學美術音樂教師。王美、陳寶璋、蔡潤溪、李延朗、宋子芳等，均嘗從之受業。朱維清、陳次軒、盧濟若等，則爲訂交之知友。母劉氏，諱大節，持家勤儉，故能積爲小富。子女五人，一子在台，四女均已落戶，東北黑龍江省邊陲之地。母氏亦以高壽百歲，世逝於斯。

小學畢業，適逢抗日戰爭發。故初中、高中、大學，均在流亡中度過。復由於就讀之學校，不斷遷徙，以及升學之所需。故自開封，而豫東南之商城，豫西南之鎮平，內鄉之夏館，淅川之上集，內鄉之西峽口，而至四川之重慶。其間，顚沛流離之艱險，生活困苦之窘迫，僅從徒步奔波兩千餘里，即可概見。然得攬豫顎川陝，山川之壯麗，誠屬萬幸！

一九四八年，因緣際會，奉派爲本縣之縣中校長，時年僅二十五歲。以當時之情形，若要辦好學校，首要能聘請優秀之老師，以期確保教學品質之良好。次則須要尊重禮遇老師，使其甘於悉心教學，而心無旁騖。復因時局不靖，一定要按時發薪，以確保老師生活之安定，爲達成此三項目標，首先赴商邱，選聘因戰亂，山東各地，移居至此之優秀老師。蓋故邑乃偏僻之小縣，待遇不豐，唯有陷入困境之他們，始肯屈就。次則決定不支領校長之薪資，移作尊崇老師各項開支之用。如學期結束，宴請全體老師、職員，以答謝其悉心教學之辛勞。平時，老師之公私集會，購買茶點，以爲聯歡。生病不適，則買些雞、肉等補品，以爲慰問。因家境尚稱寬裕，又在家鄉任職，並不需要此一收入，以維生計，故能有此決定。三則斯時法幣，業已崩潰。縣府員工，已改發食糧。縣中老師，每月小麥三百斤。然因欠糧者衆，縣府時有欠薪之情形。因此，爲能按時發薪，遂向縣府請求，將縣南較富鄉鎮，一部份之稅糧，撥交縣中。由學校事務人員，及借調之縣警一人，自行徵收。並向欠稅之鄉親，愷切說明，此稅糧乃縣中老師之薪資。爲使家鄉之子弟，能獲的良師之教育，不可拖欠。若不繳納，老師之生活，無以爲繼，拂袖而去，將是對吾鄉子弟，最大之傷害。幸而，執行以來，尚能差強人意。

縣中學生，來台者約四十餘人。師生間，時相過從。其中范桂馨，留學美國，獲博士學位。李連生、王思虞、鄭培均，陳愛民，曹九連，升任上校軍官。李尚武，任公路局高雄站站長。王寶俊，任警界分駐所主管。周玉斌等，因從事建築而致富。他們來台之初，均甚年幼。小者僅十五六歲，大者亦不過十七八歲。赤手空拳，無任何憑藉，能有今日，誠屬難能可貴，令人讚佩。

非艱苦奮鬥，安能至此！至於其他同學，亦各有工作，成家立業，均有良好之表現。

一九四九年，江南已朝不保夕，乃投效軍旅，隨軍來台。一九五一年，考入政戰學校研究班一期。畢業後，奉派編譯科科員。國防部辦理教官試教合格，遂改任戰鬥團教官。因該團成立伊始，毫無圖書設備。故一九五六年，請調空軍官校教官。蓋以其藏書甚豐，舉凡一九三六年以前，商務印書館、中華書局、開明書局，所出版之叢書、類書、方志，均曾加以典藏。

既任教官，當盡心教學，並力求能成為一位，授業解惑之優良教師。當時認為，為達到此一境界，首要廣泛蒐集，與教材有關之資料，以求其博。如此，既可增加教學之深度、廣度。而且，遇學生提出問題，亦可對答如流，不至手忙腳亂。其次，對於教材，及其有關之資料，要能熟記，不必手執教材，邊看邊講。因熟能生巧，熟方能使龐雜之資料，靈活運用，揮灑自如，拈手即來。亦唯有熟，始能敘事清楚，說理明白。提綱挈領，條理分明。設若生澀，忘東忘西，許多資料，因臨時慌張，亦不能為已所用。同時，因博而熟，授課時，雖不帶教材，亦可滔滔不絕。既不遺漏教材之內容，又有補助教材之增添，尤能獲得學生之信賴與尊敬。因有三分傻氣，故所有教材與相關資料，均能加以背誦。亦因此，三十年前之學生許巴萊，不唯已獲博士學位，且已腰纏萬貫，創業有成。仍記憶清新，並言：「上課從不帶教材，除增補之資料外，與教材一字不差。」大一中國通史，每週兩小時，接觸有限，竟能使之印象，如此深刻，當由乎此。

一九五六年，年已三十有三，乃決心致力於學。然力學，首須確立努力之方向。幾經深思，以爲自己，既非科技出身，故無力從事理工方面之研究。復因閱讀外文圖書之能力欠佳，兼以當時，既無力，亦無法購得新出版之外文圖書。因此，凡源自西方之學術與思想，如政治學、經濟學等，亦不宜作爲選項之目標。最後，因圖書之易於取得，而閱讀寫作之能力，亦無問題，遂決定從事史學之研究。然通史，範圍太廣。斷代史中之先秦史、秦漢史、唐史、宋史等，名家輩出。故選擇少有人研究之元史，作爲一生努力之目標。

方向既定，遂檢閱空軍官校、陸軍官校、高雄市圖書館，有關元史之所有藏書，以備日後研究之用。而李文田所注之元朝秘史，馮承鈞所譯註之馬可波羅行紀，張穆之蒙古游牧記，尤大有助於元史研究目錄學之瞭解。

爲鞭策自己之努力，故當時將奔赴之目標，訂得頗高。希望有朝一日，自己能成爲深具建樹，頗有貢獻，地區性之著名學者。此舉雖屬狂妄，然由於法乎其上，得乎其中，故不得不將目標，力求其高。期能激勵奮起之勇氣、力行之決心。使來日，能近似而及之。

自長女出生，以至幼子六歲入學，十五年間，改採夜讀。每天自晚上七時，至凌晨二時乃止。幼子既已就學，爲增加家庭之收入，妻遂至中學任教。由於兼任導師，早出晚歸。若仍委以家務，豈能荷負！所幸，斯時已升任副教授，課程不多，又無須上班，故接手全部家事。操持家務，雖不重，然繁瑣費時，加以又要騎自行車上課。故日間仍無法讀書，不得已，又夜讀十五年。三十年之苦讀，因有目標，故能不以爲苦。因有收穫，故能引以爲榮。欣然爲之，甘之如飴。然長期睡眠不足，又何以爲繼。故每天盡量設法，補睡兩小時。由於斯時年輕，又加疲乏。一經躺下，即能很快入睡，且睡得深沉。子女雖吵，亦影響不大。

經多年之努力，閱讀之範圍，日益廣。研究之領域，亦日益寬。故能於大陸雜誌、東方雜誌、國立編譯館館刊、中華文化復興月刊、中國邊政、中國內政、反攻月刊，中華婦女，發表有關元史之論文九十三篇。商務印書館、聯經出版事業公司、新文豐出版事業公司，文史哲出版社、大衆出版社、出版元許魯齋評述，元太傅藏春散人劉秉忠評述，蒙古戰史，元史探微，元史研究論集，元史論叢，元吳草廬評傳，程雪樓評傳，元代蒙古文化論集，元代蒙古文化論叢、補文淵閣四庫全書之元人別集十一種。且自一九六八年，至一九七四年，曾連續七年，均獲國家科學會之獎助，以從事元史之研究。在當時，除少數之名家外，能連續申請七次，均能獲得國家科學會之批准者，並不多見。此外，兩岸學者，如姚從吾院士、蕭啓慶院士，侯家駒教授、洪萬生教授、葉鴻灑教授、大陸白壽彝教授、王子今教授、羅賢佑教授、陳智超教授、徐吉軍教授、朱鴻林教授、劉紅博士、劉曉博士、姬沈育博士等，均曾參考其著作。且門人弟子中，陳盛文、孔學敏、任渝生等升任中將。邢有光、許巴萊、徐光明等，則爲獲得國內外博士學位之學人。此外，大陸社會科學院羅賢佑研究員，在其大著「二十世紀中國蒙古學研述略」謂：「袁國藩，哈勘楚倫，孫克寬，黎東方等，台灣學者，都發表過蒙古史的學術論文，具有一定影響。」大陸學者亦言：「錢穆，袁冀，唐宇元，胡青……，無疑，欲知吳澄生平，及學術思想，不能不仔細研究，以上四種著作。」

二〇〇四年之八月十五日，應邀至呼和浩特市之內蒙古大學，參加爲期四天之第四次蒙古學，國際學術討論會。與會之中外學者，兩百餘位。分別來自日本、韓國、外蒙古、俄國、烏克蘭、芬蘭、波蘭、土耳其、匈牙利、德國、英國等十三個國家。大會分蒙古語文、蒙古文學、蒙古歷史、與綜合四組討論，並發表論文兩百餘篇。

元代宮廷大宴之情形，資料頗爲缺乏。然元人文翰之吟詠中，卻保有殊多珍貴之記錄。其中尤以大宴之地點、衣著、儀禮、飲食、娛樂，與夫特有之習俗爲然。故據此，於大會中，提出「元代宮廷大宴考」之論文報告，不僅頗受大會所矚目，亦間接說明，從史學觀點，以論元詩，不失爲擴大蒙古學研究範疇，方向之一。

由於蒙古學之研究，深獲肯定，兼以年已八十有二，故頗受大會之禮遇與尊重。內蒙古自治區政府副主席，約見大會代表六人，即爲其中之一。大會合照時，復受邀至第一排就坐。晚會結束，又與其他代表登台，向該校藝術學院，表演之全體同學，握手致謝，並攝影留念。

同時，蒙古學院名譽院長，蒙古學泰斗，曾派專人，贈送其簽名巨著，使之獲益匪淺。波昂大學研究所教授斐慕眞博士，亦再三與之接觸，以謀深談。大陸教育部人文社會科學重點研究基地，內蒙古大學，蒙古學研究中心，教授兼主任，齊木德道爾吉博士，復譽之謂：「您文學基礎深厚，我們正需要此種人才。」此外，大陸「中國民族報」，台灣「自由時報」，均有專訪之評論報導，分於九月二十四日，八月二十三日刊出。二〇〇五年春，更承齊木德道爾吉博士讚之謂：「元代宮廷大宴考，非常具有特色，對我們的研究，有很大的幫助。」孟夏又言：「將預留篇幅，以待大作。」博士爲蒙古學國際馳名之學者，承蒙如此評論，深感榮幸之至。

今蒙古史研究第八輯，業於當年之六月，由中國蒙古史學會主編，蒙古學研究中心支助，內蒙古大學出版社出版。十六開本，計載中外學人之論文二十九篇，凡四百二十頁。且拙作「元代宮廷大宴考」，爲去歲八月十五日，內蒙古大學、第四次蒙古學、國際學術討論會，所提報之兩百餘篇論文中，幸蒙全文刊出者。

治學，當然會遭遇諸多困難，三十餘年前，曾研究元代兩京間之交通。並據元詩，撰成「元代兩京間驛道之考釋」，載於一九六四年一月之政治學術季刊。復據秋澗大全集之「中堂記事」，完成「元王惲驛赴上都行程紀要」，刊於一九六七年六月之大陸雜誌。且此二文，曾爲內蒙古大學，蒙古學研究中心，所主編之「元上都研究文集」，加以轉載。雖擬據「扈從集」，再撰「元代兩京間之輦道考釋」，然輦道所經之若干地名，如黑石頭、頡家營、鄭谷店、泥河兒、雙廟兒、平陀兒諸地，雖遍閱大明一統志、讀史方輿紀要、古今圖書集成、嘉慶重修大清一統志、畿輔通志、察哈爾通志、口北三廳志、蒙古遊牧記、宣化府志、宣化縣志、赤城縣志、懷來縣志、龍門縣志、北征錄等，均不得其解。一九九一年，曾思趁赴大陸探親之便，加以實地考查。然因地處偏僻，交通、衛生、安全，均不無可慮，兼以年近七十，終未能成行。以致此文，三十餘年，無法完成。所以，治學，殊非易事。雖一生力學，仍有諸多力猶未逮之處。

一九五五年，在台結婚。妻趙肅莊，大學畢業，曾任記者，長於散文小品，為東北名宿之長女。風行全國之「塞上風雲」，即以乃父之事功，所拍之電影。婚後家居，撫育子女。待幼子讀小學，復出任中學國文教師。因學養頗佳，復熱心教學，故學生甚為愛戴。至今仍有學生，時時與之聯絡。退休後，習畫十餘年，成績斐然。同學同事親友、輒衷心讚譽，戲呼為「才女」。

育有四女一子，四女均大學畢業，皆有頗佳之歸宿。長婿企管學士，家中富有土地，現任台灣著名工程公司經理。次婿美國電機碩士，現任美國國際著名半導體公司副總裁。三婿化學學士，企管碩士，現任德國化學公司，東北亞與中國地區總經理。四婿建築學士，家中富有，十餘年前，已投資移民加拿大。幼子宏道，美國電機碩士，台灣金經碩士，五年前，曾任美國電子公司，中國地區總經理，現任澳洲著名電子公司，台灣與中國地區總監。媳曾麗美，靜宜大學外文系畢業，曾任新竹市光復中學，高中部英文教師。孫女欣隅、祥齡，孫偉翔，分別就讀於高中、國中、小學、均聰慧活潑可愛。

一生雖飄泊四方，艱辛倍嘗。然任教，則為大學教授，比敘高級簡任文官。治學，則著作甚豐，為著名元史專家。加以耄年身體健康，生活寬裕。子女卓然成材，均屬高職位，高薪資之人員。故晚年，心情愉悅，老景堪慰。語云：「天道酬勤」，又謂：「勤能補拙」，誠其一生之寫照。